Marcel Steiner

Weiter Geist - Grosses Herz!

Marcel Steiner

Weiter Geist - Grosses Herz!

Meditationen zu Texten der Bibel

Fromm Verlag

Imprint

Cover image: www.ingimage.com

Publisher:
Fromm Verlag
is a trademark of
Dodo Books Indian Ocean Ltd. and OmniScriptum S.R.L publishing group

120 High Road, East Finchley, London, N2 9ED, United Kingdom
Str. Armeneasca 28/1, office 1, Chisinau MD-2012, Republic of Moldova, Europe
Managing Directors: Ieva Konstantinova, Victoria Ursu
info@omniscriptum.com

Printed at: see last page
ISBN: 978-3-8416-0610-5

Inhaltsverzeichnis

Einleitung

Die nachfolgenden Texte sind leicht überarbeitete Predigten, die im Verlauf meiner Zeit als evangelischer Pfarrer in einer kleinen Berggemeinde in der Schweiz entstanden sind. Die zu Grunde liegenden biblischen Texte sind jeweils zu Beginn angegeben. Wo die Bibel direkt zitiert wird, habe ich mich meist auf die alte Übersetzung der Zwinglibibel gestützt. Sie ist mir vertraut. Zeitgeschichtliche Beispiele habe ich meist herausgestrichen, wo diese nicht mehr aktuell oder dem Leser, der Leserin vielleicht nicht mehr im Gedächtnis sind. Leicht wird man aber Parallelen ziehen können zu Ereignissen, die Ihnen beim Lesen in den Sinn kommen.
Immer wieder wird das Thema der Annahme der eigenen Menschlichkeit zur Sprache gebracht. Das war und ist ein Thema, dem ich in der Begleitung vieler Menschen kontinuierlich begegne: Das Gefühl einer tiefen Unwürdigkeit und Scham über das eigene Leben. Dieses Thema scheint leider an Aktualität nichts verloren zu haben.
Als unsere Kinder noch klein waren, haben wir mit ihnen oft das schöne Büchlein „Weisst du eigentlich, wie lieb ich dich habe?“[1] angeschaut. Darin versuchen sich ein kleiner und ein grosser Hase darin zu überbieten, wie lieb sie einander haben. Sie wagen sich in immer gewagtere Bilder hinein. Die Dialoge beginnen jeweils mit den Worten: „Ich habe dich soooo lieb.... und dann zeigt oder sagt der eine irgend etwas, worauf der andere antwortet: „Und ich habe dich soooooo lieb....“. Bis schliesslich am Ende einer sagt: „Und ich habe dich lieb bis zum Himmel und wieder zurück!“ Mit den Kindern haben wir dann jeweils eigene Bildvergleiche angeführt. Einmal bin ich dann bei der Aussage gelandet: „Und ich habe dich so lieb: 10 hoch 27 mal durchs Universum hindurch und wieder zurück!“ Darauf fragte Andri, der Ältere: „Ist das weit?“ und ich sagte: „Ja, das ist sehr, sehr weit!“ Und er fragte zurück: „Ist das soweit wie bis in mein Herz hinein?“
Die Liebe Gottes dringt durch alle Hindernisse hindurch bis in unser Herz hinein! Wer sie hört und es wagt, sie auch für sich selbst in Anspruch zu nehmen, wird zu einer grundlegenden Würde zurück finden und sie andere Menschen erfahren lassen können. Denn, wie es einmal jemand ausgedrückt hat: Was nützt es uns, den Weltraum zu erobern, wenn wir nicht einmal die kleinste Distanz von Herz zu Herz bewältigen können?
Möge etwas davon aus den Texten in Ihrem Herzen anklingen und es öffnen und weiten.
Der rund zwei Jahre jüngere Sohn José meinte damals als Antwort auf mein Liebesbild: „Und ich habe dich sooooo gern wie den Karo!“ Karo war der Hund des Nachbarn, den er wirklich überaus liebte. Somit war das schon ein unüberbietbarer Liebesbeweis! (Eine Zeit lang wollte José immer wieder Hühnchen essen. Der einfache Grund: Dann konnte

er mit den übrig gebliebenen Knochen seinen Karo füttern und ihm seinerseits zeigen, wie gern er ihn hatte!)

Ich schreibe diese Zeilen im Angesicht der erschütternden Geschehnisse, die die Millionen von Flüchtlingen erleiden, die immer zahlreicher in die reichen Länder Europas drängen. Dabei treffen sie einerseits auf radikale Ablehnung, andererseits aber auch auf überraschende Solidarität. Ganz ähnlich, wie Jesus selbst es erfahren hat. Ich hoffe, dass meine Gedanken Sie ermutigen, hie und da ein Zeichen der Solidarität zu wagen, dort, wo Menschen in ihren Grundbedürfnissen und Rechten verletzt werden. Aber zunächst wünsche ich Ihnen Freude und v.a. auch Zeit beim Lesen, resp. Zeit, innezuhalten und einzelne Verse oder vielleicht sogar einmal ein ganzes Gedicht auswendig zu lernen! Was wir im Herzen tragen kann im gegebenen Augenblick auch wieder aufsteigen und uns ermutigen. In diesem Sinn wünsche ich Ihnen eine mutmachende Lektüre.

Marcel Steiner, im Februar 2016

„Wer Ohren hat zu hören, der höre…“

Eine der häufigsten Aufforderungen in der Bibel ist diejenige, zu hören: „Höre Israel“, heisst es etwa im Glaubensbekenntnis der jüdischen Tradition oder „Wer Ohren hat zu hören, der höre!“ sagt Jesus immer wieder.
Dass wir hören können, scheint uns so selbstverständlich, dass wir kaum je darüber nachdenken. Allenfalls beginnen wir uns damit auseinanderzusetzen, wenn wir merken, dass wir nicht mehr so gut hören. Spätestens dann geht uns auf, wie zentral das Hören für unser Menschsein ist, wie sehr es uns miteinander und mit der Welt verbindet. Oder eben, wie sehr uns der Verlust des guten Hörens einschränkt, isoliert und einsam macht. „Nicht sehen trennt den Menschen von den Dingen. Nicht hören trennt uns voneinander“, hat einmal jemand treffend ausgedrückt.

Wir beginnen hörend: Schon eine Woche nach der Befruchtung der weiblichen Eizelle sind anscheinend bereits mikroskopisch kleine Ansätze von Ohren erkennbar. Und 4 1/2 Monate später ist das Hörorgan voll ausgebildet und zwar schon in seiner endgültigen Grösse. Alles andere an uns wächst bis wir etwa 19 Jahre alt sind. Nur unser Innenohr besitzt, lange bevor wir geboren werden, schon seine endgültige Grösse!
Offenbar scheint dem Hören eine überaus wichtige Funktion zuzukommen. Das kleine Wesen, das da heranwächst, will von allem Anfang an hören! In allem ist es von der Mutter total abhängig, nur hören will es so schnell wie möglich selbst!
Das Hören ist nicht nur der erste Sinn, der erwacht, er scheint auch der letzte zu sein, der verlöscht, wenn wir sterben. In gewissen Traditionen werden bereits gestorbenen Menschen noch Texte vorgelesen, die sie begleiten sollen. Offensichtlich aus der Erfahrung heraus, dass der Hörsinn über den Tod hinaus noch eine Weile wach bleibt. Unsere deutsche Sprache weiss um die Endgültigkeit des Hörens: Wenn etwas zu ende geht „hört es auf“. Das Hören scheint also der zentrale Sinn zu sein.
Wenn alles, wie es die Bibel sagt, durch das Wort geschaffen wird, so erstaunt es eigentlich nicht, dass unsere erste Sehnsucht diejenige ist, zu hören. Und indem wir Worte hören, erfahren wir uns angesprochen, erleben wir, dass jemand mit uns in Beziehung treten will.

Hören tun wir in einer viel umfassenderen Weise, als wir etwa sehen. Vergleichen wir das Spektrum des Sehens mit demjenigen des Hörens, so sieht das Auge verhältnismässig wenig: Wenn man das Sehspektrum in Töne umwandelt, so kann das Auge etwa auf einer Oktave Impulse aufnehmen, das Ohr hingegen auf acht Oktaven! Würde das Auge Im-

pulse aus so einem breiten Spektrum ausgesetzt, würde es sofort erblinden.
Dazu kommt, dass wir die Augen mindestens in der Nacht schliessen, dagegen bleiben unsere Ohren auch im Schlaf offen. Wir hören also 24 Stunden am Tag.
Obwohl wir wahrscheinlich spontan sagen würden, dass Blindheit ein grösseres Übel sei als Taubheit, so verstehen wir jetzt vielleicht besser, warum von Betroffenen das Gegenteil gesagt wird. Eben darum, weil das Ohr mehr und genauer wahrnimmt als das Auge.

Unser Hörorgan ist zudem geschützt vom sogenannten Felsenbein, dem absolut härtesten Knochengebilde unseres Körpers. Wie wichtig also muss der Natur die Hörfähigkeit sein. Nicht einmal unser Gehirn ist so gut geschützt.
Anscheinend hängt unser Sein stärker am Hören als am Denken. Und wir können in Anlehnung an das bekannte Wort von René Descartes nicht nur sagen: Ich denke also bin ich, sondern ich höre, also bin ich.

Bei dieser Überlegenheit des Ohrs über das Auge ist es umso erstaunlicher, dass unsere Gesellschaft das Schwergewicht auf das Auge und damit auf visuelle Impulse gelegt hat. Auf eine Ebene also, auf der wir uns viel leichter täuschen lassen als über unsern Hörsinn.
Und vielleicht darum auch eher andere und uns selbst über Vieles hinweg täuschen können? Im Zeitalter der Computertechnik ist Bildern nur mit Vorsicht zu trauen.

Was will so ein kleines Wesen von allem Anfang an hören? Ja, was muss es hören, damit es lebensfähig wird? Sicher zunächst einmal die Mutter. Ihren Herzschlag, ihren Leib und ihre Stimme. Es will Leben hören und Liebe. Will hören, dass es angenommen und erwartet ist. Unser Sein beginnt mit dem Hören und von daher ist es ganz zentral, was wir hören.
Nun bräuchte es aber, um einfach die Stimme der Mutter zu hören, durchaus nicht so ein überaus fein entwickeltes Hörorgan. Was gibt es denn da sonst noch zu hören?
Der Hörsinn hat sich vom Gröberen zum Feineren hin entwickelt und also vom Lauten zum Leisen. Es will also in immer feinere und leisere Bereiche hineinhören. Was gibt es denn da noch zu hören? Wissenschaftler nennen es „das Rauschen der Zellen“. Wir könnten sagen, das Rauschen des Lebens selbst will gehört sein.
Wie gern habe ich mir als Kind eine Muschel ans Ohr gehalten und dabe, wie mir stets versichert wurde, das Rauschen des Meeres vernommen. Mein heutiges Wissen, dass es nicht das Meer ist, das da rauscht, sondern unser Blut, enttäuscht mich aber keineswegs: Leben

hat sich zuerst im Wasser entwickelt und so rauscht dieses eine Leben weiter in unseren Blutbahnen.

Wir alle wissen aber auch, wie heute gerade der Lärm uns ermüdet und krank macht. Und dennoch suchen v.a. junge Menschen das Laute in einer oft erschreckenden Weise. Untersuchungen haben ergeben, dass Jugendliche in unseren Breitengraden gerade noch das Hörvermögen haben, das ein 70 jähriger Mensch in Afrika besitzt.
Offenbar fühlen wir uns auch bedroht von diesen feinen und feinsten Tönen und flüchten darum in den Lärm. Was ist es denn, was man da hören könnte?
Warum hat denn die Entwicklung des Hörens nicht halt gemacht bei dem Spektrum, das für das Leben im Alltag notwendig war: Etwa beim Hören menschlicher Stimmen, beim Summen eines Insekts, beim Rascheln des Laubes? Warum nur hat es sich ausgedehnt bis hin zur Grenze des Schweigens?
Warum nur können wir bis an die Schwelle heran hören, an der das Schweigen nistet?

Offensichtlich will uns das Hören gerade in jene Bereiche locken, wo wir meinen, nichts mehr zu hören! Die Natur bildet aber nichts aus, was nicht lebensnotwendig wäre. Und so scheint das Hören in die Stille hinein, in das, was wir gelegentlich als Nichts abtun, offenbar eine grosse Notwendigkeit zu sein. Wieso? Weil offenbar die Stille , das Schweigen, nicht der Ort des Nichts ist, sondern der Raum, aus dem die ganze Schöpfung hervorgegangen ist. Und als Hörende können wir diese schöpferische Kraft empfangen. Die Stille ist nicht leer, sondern der Raum, aus dem alles geboren wurde und wird. Die Stille, sagt ein Wissenschaftler, ist für das Wort wie das Netz, das über dem Abgrund aufgespannt ist, damit es nicht ins Leere fällt. Stille ist Rückkehr zum Ursprung und damit zur Fülle des Seins, zu Gott. Die Stille selbst ist die Muttersprache Gottes! Alles andere ist Übersetzung davon in die Sprache der Geräusche und Klänge!
Nur wenn da Menschen sind, die hören, wird es Menschen geben, die gehört werden. Und nicht gehört zu werden ist ein mindestens so schweres Schicksal, wie nicht zu hören.
So möchte ich uns einladen, in einem Moment der Stille, uns unseres Hörens bewusst zu werden, und mit dankbarem Herzen auf die Vielfalt der Klänge zu lauschen, die uns in diesem Augenblick umtönen. Was gibt es zu hören, in diesem Augenblick, über das Offenbare hinaus?

„Sei still
und aus der Stille wird Weisheit zu dir kommen
Sei still
und die Stille wird dich in die Ganzheit deines Menschseins führen

Sei still
und du wirst erfahren, wer du bist
und wer all die andern um dich herum sind.
darum
sei still
und die Stille wird als Weisheit
zu dir kommen
sei still
sei....“

Mth. 8, 18-20: Nicht müde werden…

„Als aber Jesus eine grosse Volksmenge um sich sah, befahl er, ans jenseitige Ufer zu fahren. Und ein Schriftgelehrter trat hinzu und sagte zu ihm: Meister, ich will dir nachfolgen, wohin du auch gehst. Und Jesus sagt zu ihm: Die Füchse haben Höhlen und die Vögel des Himmels haben Nester; der Sohn des Menschen dagegen hat keinen Ort, wo er sein Haupt hinlegen kann."

Wenn jemand verunfallt, fragt man fast unwillkürlich: Bewegt er sich noch? Oder man fragt: Kannst du dich noch bewegen? Man spürt sofort, sich bewegen können, mobil sein, hat etwas mit lebendig sein zu tun. Auch der Ausdruck „sich frei bewegen können" weist auf eine wichtige Beziehung hin, nämlich auf diejenige von Bewegung und Freiheit. Sich bewegen können heisst also, an den Grundwerten „Leben" und „Freiheit" teilzuhaben.
Das Gegenteil dazu wäre erstarren. Erstarren kann man vor angst. Oder ein toter Mensch erstarrt. Bewegung deutet auf Leben hin, erstarren auf Tod.
Und, beweglich sein, mobil sein, das fasziniert. Die SportlerInnen der unterschiedlichsten Sportarten sind oft geradezu BewegungskünstlerInnen. Die letzten Jahre und Jahrzehnte haben eine ungeheure Steigerung der Bewegungsmöglichkeiten und der Mobilität, mit sich gebracht. In immer kürzeren Zeiten, werden immer öfter, immer mehr Orte erreichbar. Dass der Weg dahin eine untergeordnete Rolle spielt, zeigt sich darin, dass er möglichst schnell überwunden werden soll. Das Ziel ist wichtig, nicht der Weg. Auf dem Weg fasziniert einzig die Geschwindigkeit. z.B auf Autobahnen. Jemand sagte einmal: „Die Autobahnen sind der geometrische Ort all jener Punkte, wo man nicht sein möchte." Und doch faszinieren sie, wohl eben v.a. wegen der Geschwindigkeit. „Wir wissen zwar nicht wohin, dafür aber um so schneller", hat einmal jemand gesagt.
Nun geht die Entwicklung aber nicht nur dahin, dass wir einen Weg immer schneller überwinden können, sondern, dass wir uns möglichst überhaupt nicht mehr bewegen müssen. Wir holen uns unser Ziel nach Hause. Mittels Internet habe ich in Sekundenschnelle Zugriff auf alle möglichen Ziele nicht nur der Welt, sondern auch des Kosmos, total faszinierend und bis vor wenigen Jahren unvorstellbar! Dazu muss ich nicht mehr mich selber in Bewegung setzen, sondern ich setze sozusagen die Welt in Bewegung. Im Internet kann ich herum surfen „ohne nass zu werden". Ich kann via Internet eine Wanderung machen, mir jeden Abschnitt angucken, ohne auch nur einen Schritt tun zu müssen. Wir sind mobil ohne aufbrechen zu müssen.
Was geschieht da? Nicht mehr wir bewegen uns auf ein Ziel zu, sondern wir selber machen uns zum Ziel, auf das zu wir die Welt, oder besser

gesagt ein Abbild der Welt, bewegen. Der Weg fällt weg, weil wir selber das Ziel sind.
Nur, so vermute ich, auf diesem Weg, der gar keiner mehr ist, verlieren wir letztlich auch das Ziel aus den Augen. Wir verlieren uns selbst, weil wir kein wirkliches Gegenüber mehr haben. Wir bleiben allein, mit uns selbst, sind überall und doch nirgendwo: Wenn ich auf der Autobahn dahin rase, war ich zwar überall, und doch nirgendwo. Wenn ich im Netz herum surfe, kann ich zwar überall hin, und war doch nirgendwo. Das Netz wird zum Spinnennetz, in dem wir gefangen werden.
Damit sie mich nicht falsch verstehen: Ich möchte diese Errungenschaften nicht verteufeln. Es ist viel Gutes und Wichtiges möglich geworden dadurch, dass wir mobiler sind.
Aber nichts und niemand soll uns davon abhalten, einen Weg tatsächlich unter die Füsse zu nehmen, und so Möglichkeiten der Begegnung zu schaffen. Und zwar Begegnung zwischen Mensch und Mensch, Begegnung zwischen Mensch und Natur, Begegnung zwischen Mensch und Gott.

Auch in der Bibel hat Bewegung eine grosse Bedeutung. Gott selbst ist in Bewegung. Schon ganz am Anfang heisst es: „Gott wandelte in der Abendkühle des Gartens“ Gen. 3,8. Aber das Ziel Gottes ist nicht er selber, sondern er hat den Menschen im Sinn. Darum heisst es im nächsten Vers: „Und Gott der Herr rief den Menschen und sprach zu ihm: Wo bist du?“ Gen. 3,9
Und auch später, zur Zeit der Propheten und zur Zeit Jesu macht sich Gott auf den Weg zu uns Menschen. Im Heiligen Geist dann ist er sogar unterwegs zur ganzen Schöpfung. Gott bleibt nicht sozusagen in seiner Welt sitzen. Kein Weg ist ihm zu mühsam, uns zu erreichen. Was aber geschieht dort, wo Gott einen Menschen erreicht ? Zwei Wege sind belegt.
Entweder fliehen die Menschen vor ihm. Wie z.B. Adam und Eva oder Jona. Oder, sie lassen sich in diese Bewegung Gottes mit hineinnehmen. So z.B Abraham oder Mose, der sein Volk führt etc.
„Nachfolge“ heisst darum das zentrale Geschehen, in das Jesus uns Menschen ruft. Nachfolge, also Bewegung. Aber diesmal nicht eine Bewegung, die sich die Welt verfügbar machen will für uns, sondern Bewegung auf die Welt zu und zwar als Dienst an Gott und der Welt.
Ich werde mich nur dort bewegen lassen, wo ich mich nicht selber für das Zentrum der Welt halte. Ich kann mich nur dort auf den Weg machen, wo ich nicht selber das Ziel bin.
Interessanterweise sagt Jesus von sich selbst auch nicht: „Ich bin das Ziel,“ sondern er sagt: „Ich bin der Weg“. Der Weg zum Vater. Und dieser Weg führt in und über die Welt und nicht aus ihr heraus. Der Weg ist also ganz entscheidend, und nicht nur das Ziel.

Seien wir darum kritisch, wenn uns jemand Ziele vorgaukelt, die den Weg überspringen wollen. Ohne Weg kein Ziel. Ohne Weg keine Begegnung. Ohne Weg keine Bewegung. Ohne Bewegung kein Leben.

Es ist schon so: Wer sich auf den Weg macht, bei dem kommt etwas in Bewegung. Wer aufbricht, bei dem bricht etwas auf. Wenn der Glaube in der Bibel mit Begriffen wie "ausziehen, pilgern, unterwegs sein oder eben nachfolgen" ausgedrückt wird, so kann man nur etwas vom Wesen des Glaubens verstehen, indem man sich selbst auf den Weg macht. Unsere Begriffe wurzeln häufig in körperlichen Erfahrungen. Und man kann an den Kern der Dinge letztlich nicht einfach durch nachdenken herankommen, sondern, indem man Erfahrungen wiederholt, aus denen die Begriffe gebildet wurden. Meister Dogen, ein bis heute bekannter und geschätzter Zenmeister, hat gegen Ende seines Lebens seine Erfahrung mit folgenden Worten zum Ausdruck gebracht: „Nun habe ich verstanden, dass ich den Weg immer weiter gehen muss."
Ganz ähnlich erinnert uns Jesus mit seiner Einladung daran, dass es wichtiger ist, unterwegs zu bleiben als anzukommen.
Ich gebe Ihnen gerne ein Wort mit auf Ihren Weg, ein Segen, der mir in französischer Sprache begegnet ist, aus der ich ihn übersetzt habe:

„Brecht auf, ihr Menschen meines Volkes!
Oder hattet ihr gedacht, euch hier einzurichten, im Hause Gottes?
Ihr sollt wissen: Ich wohne nicht nur in diesem Haus und auch nicht nur in den guten Erfahrungen eures Lebens.
Hier ist zwar der Ort, an dem wir einander begegnen, aber es ist ein Durchgangsort.
Darum brecht auf. Ihr seid das Volk des Aufbruchs, das Volk, das in Bewegung ist, ohne feste Bleibe, unterwegs zu einem je neuen Zuhause.
Die Zärtlichkeit sei euer Lied und euer Leben sei ein Fest.
Brecht auf und geht hinaus, denn man wartet auf euch draussen.
Und ich sage es euch, ich euer Gott:
Ich breche auf mit euch."

Mögen Sie gesegnet sein mit diesem Vertrauen auf Ihrem heutigen Weg!

Die Schöpfung spricht!

„Wenn ich in dein Haus komme, ruhe ich bei dir aus, denn der Umgang mit dir hat nichts Bitteres, die Gemeinschaft mit dir nichts Betrübendes, sondern Heiterkeit und Freude.“ Sprüche Salomos

Wir möchten uns heute mit Texten der Bibel vertraut machen, in denen das Wort „Gott“ kaum zur Sprache kommt. Und doch war er für die Menschen, die diese Texte geschrieben haben, Grund und Quelle ihrer Erkenntnis. Er war ihnen so gegenwärtig, dass sie nicht ständig direkt auf ihn verweisen mussten. Diese Texte sind bekannt unter dem Namen „Weisheitsliteratur“. Dazu gehören zum Beispiel die Sprüche. Dort heisst es:

„Die Weisheit ruft laut auf den Strassen, auf den Plätzen erhebt sie ihre Stimme. An den lautesten Orten ruft sie, an den Toreingängen der Stadt hält sie ihre Reden.“ Spr. 1,20f.

Wenn wir über Weisheit nachdenken, dann ist das für uns normalerweise eher etwas Verborgenes, etwas, das nur wenigen Menschen zugänglich ist, einer Art Elite, die als auserwählte Menschen eine besondere Begabung und ein aussergewöhnliches Verständnis haben. Weisheit, das ist etwas, das irgendwie über unsern Köpfen schwebt, vielleicht gar etwas Esoterisches, das nichts mit unserer Welt zu tun hat. Unser Text aber redet ganz anders davon: die Weisheit ruft laut, heisst es da, und zwar auf öffentlichen Strassen und Plätzen. Sie ruft an den lautesten Orten, an den Toreingängen der Stadt. Sie hält dort sogar Reden! So scheint sie unübersehbar und nicht überhörbar gegenwärtig, mitten im Trubel des Alltags.

An einem andern Ort sagt dieselbe Weisheit von sich selbst:
„Ich ging aus dem Mund des Höchsten hervor und bedeckte die Erde wie ein Nebel. Den Kreis des Himmels umwanderte ich und in der Tiefe der Urflut ging ich einher, in den Wellen des Meeres, auf der ganzen Erde, in jedem Volk, in jeder Nation erlangte ich Besitz.“
Sir. 24,3-6.

Die Weisheit, von der hier die Rede ist, ist nicht irgendein Gedankensystem, sondern etwas, das ganz zur Erde gehört und mit ihr verwoben ist: Sie bedeckt die Erde wie ein Nebel, sie verbindet sich mit den Wellen, ja mit der ganzen Erde, mit jedem Volk und jeder Nation.

Was heisst das für uns? Die Welt ist nicht stumm. Sie hat eine Aussage. Sie hat etwas zu erzählen. Sie verkündet etwas, wunderschön ausgedrückt in Psalm 19:

„Die Himmel erzählen die Ehre Gottes und die Erde verkündet das Werk seiner Hände. Ein Tag sagt es dem andern und eine Nacht tut es der andern kund, ohne Sprache, ohne Worte, mit unhörbarer Stimme. Ihr Klingen geht durch alle Länder, ihr Reden bis zum Ende der Welt.“ Ps 19,2-5

Der Psalm 19 nimmt genau diese Erkenntnis auf, dass die Welt nicht stumm ist, sondern uns etwas mitteilen möchte. Sie gibt uns Zeugnis, indem sie auf ihren Schöpfer hinweist.

„Befrage doch das Vieh, dass es dich belehre, und die Vögel des Himmels, dass sie dir kundtun, oder das Wild des Feldes„ dass es dich belehre und dir sollen erzählen die Fische des Meeres. Wer von ihnen wüsste es nicht, dass die Hand des Herrn dies alles gemacht hat? Hiob 12,7-9

Die Schöpfung „ist“ nicht nur einfach, sondern sie entlässt eine Wahrheit. Und Menschen, die der Sprache der Schöpfung lauschen, haben diese Wahrheit vernommen; haben in der Schöpfung Gottes Wirken erkannt und haben aus diesem Wirken wichtige Hinweise für ihre Lebensbewältigung herausgelesen. Israel fand in der Schöpfung ein Weltgeheimnis, das ihm helfend zugekehrt ist, ja auf es zukommt:

„Sie kommt ihm entgegen wie eine Mutter, und wie eine junge Frau nimmt sie den Menschen auf. Sie kommt denen zuvor, die sie begehren, indem sie sich erkennen lässt. Wer sich früh zu ihr aufmacht, muss sich nicht mühen, er wird sie an seiner Türe sitzend finden.“ Weis. 6,13.

Das ist, zusammengefasst, einmal die eine Erkenntnis, die uns diese Stimmen der Bibel vermitteln: Die Schöpfung ist nicht stumm, sie spricht uns Menschen an, möchte uns hinweisen auf das Geheimnis der Welt: Auf Gott, den Schöpfer und auf seine Ordnung, die als diese Welt sichtbar wird und wirkt.

Die andere Erkenntnis ergänzt diese Erfahrung. Sie besagt, dass diese Stimme der Weisheit, so deutlich und unübersehbar sie auch sein mag, dem Menschen nicht einfach verfügbar ist. Sie wirbt zwar um ihn, aber sie kann sich ihm auch verschliessen. Und zwar verschliesst sie sich nicht einfach denen, die halt nicht gescheit genug sind, sondern jenen, die diese Stimme missachten:

„Weil ich rief, ihr aber nicht wolltet, ich mit der Hand winkte, aber niemand aufmerkte, weil ihr all meinen Rat in den Wind schlugt und mein

Rufen und Werben überhört habt, so will ich nun auch bei eurem Verderben lachen..." Spr 1,24ff.

Wir leben zwar in Gottes Schöpfung, aber wir machen sie immer mehr zu unserer eigenen Welt. Immer seltener begegnen wir der Welt Gottes, aber immer häufiger jener Welt, die wir uns selber schaffen. Die Dinge, die uns umgeben, weisen viel mehr auf uns Menschen hin, weil sie von Menschen gemacht und leider oft verbrochen wurden. Durch unsere massiven Eingriffe in die Natur, bringen wir die ursprüngliche Stimme der Weisheit langsam, aber sicher zum Schweigen. Nicht mehr das Zeugnis Gottes kommt uns aus der Mitwelt entgegen, sondern unsere eigene Stimme. Schrecken und Bedrängnis kommen über uns, und wir sind wie auf uns selbst zurückgeworfen und müssen von unsern eigenen Plänen leben und ihre Folgen tragen. Wir sind daran, Grenzen zu überschreiten, die uns nicht in Neuland führen werden, sondern in den Abgrund.

Ich weiss nicht, ob sie die verschiedenen Diskussionen um die Einführung genmanipulierter Saaten verfolgen. Es geht z.B. darum, dass einer Sojabohne ein Gen eingepflanzt wurde, das sie resistent macht, aber nicht etwa gegen Schädlinge oder Krankheiten, sondern gegen ein giftiges Spritzmittel, das zur Unkrautvernichtung eingesetzt wird. Wie man vermuten kann, ist die Herstellerfirma der Sojabohne dieselbe, die auch das Spritzmittel herstellt. Also profitiert sie gleich doppelt, denn die neue Bohne nützt nur dem etwas, der auch das passende Giftmittel dazu kauft. Profitdenken als oberstes Kriterium, Erleichterung beim Anbau auch noch ein Grund, aber was für ein Produkt wir da schliesslich noch essen, das wird völlig ausgeblendet, geschweige denn die Folgen, die die Einführung genmanipulierter Samen haben werden, die nicht einmal als solche deklariert werden müssen. Und denken sie bitte nicht, Soja sei nur etwas für ein paar ausgeflippte Vegetarier, denn es wird zu einer Vielzahl von Lebensmitteln beigefügt.

Wenn wir die Stimme der Weisheit, die uns aus der Schöpfung Gottes noch entgegenkommt wieder wahrnehmen und ernst nehmen wollen, dann müssen wir uns Grenzen setzen. Dann dürfen wir der Natur nicht einfach unsere Sprache aufzwingen - wir würden sie nur zum Schweigen bringen. Gott hat allen Dingen eine Grenze gesetzt. Ich weiss, dass es nicht einfach ist, Grenzen zu akzeptieren, aber Gott verheisst uns auch, dass er unsern Grenzen Frieden schaffen wird: „Singet Gott, ihm, der deinen Grenzen Frieden schafft," ruft uns der Psalm 147 zu.
Ich denke, dass wir dort, wo wir unsere Stimme zurücknehmen, wieder die Chance erhalten, die Stimme der Weisheit zu vernehmen. Wir leben in dem Gefühl, wir müssten die tote Materie zum Leben erwecken. Wir meinen, wenn wir nichts täten, geschähe auch nichts.

Die Weisheitsliteratur lehrt uns Anderes. Die Schöpfung ist nicht stumm. Sie lädt uns ein, teilzuhaben an ihrem Zeugnis. Sie lädt uns ein, einzustimmen in das Lob, das aus jedem Stein spricht. Geben wir ihr ihre Stimme zurück. Sie hat uns soviel Schönes zu erzählen. Vielleicht ist es noch nicht zu spät. Vielleicht, wenn wir uns selber wieder als Teil dieser Schöpfung verstehen lernen, kann es uns gelingen, unseren zupackenden Lebensstil loszulassen. Vielleicht, wenn wir vertrauen lernen, dass wir unser Leben nicht selber erschaffen müssen, weil es uns geschenkt ist. Vielleicht, wenn wir im Wasser wieder unsern Bruder erkennen, und in der Erde unsere Mutter und in den Geschöpfen unsere Geschwister, und in den Mitmenschen unsere Brüder und Schwestern in Christus, wie es Franz von Assisi tat. Vielleicht dann, können wir wieder hören, was Mary Oliver so eindrücklich beschreibt:

„Der Gott des Drecks ist schon oft zu mir gekommen und hat mir viele weise und köstliche Dinge erzählt, als ich im Gras lag und seiner Hundestimme lauschte, seiner Krähenstimme, seiner Froschstimme: „Jetzt!" sagte er immerzu, und immer wieder „jetzt!" Und nicht einmal erwähnte er die Ewigkeit." (Übersetzt vom Autor)

Gen. 32, 22-31: Berührt und gezeichnet

„Noch in der Nacht stand Jakob auf, nahm seine beiden Frauen und seine beiden Mägde und seine elf Söhne und ging über die Furt des Jabok. Er nahm sie und führte sie über den Fluss; auch all seine Habe brachte er hinüber. Jakob aber blieb allein zurück. Da rang ein Mann mit ihm bis die Morgenröte anbrach. Als er sah, dass er ihn nicht zu überwältigen vermochte, schlug er ihn auf das Hüftgelenk. Und Jakobs Hüftgelenk wurde verrenkt. , als er mi ihm rang. Und er sprach: Lass mich los, die Morgenröte bricht an. Aber er antwortete: Ich lasse dich nicht, du segnest mich denn!. Er sprach zu ihm: Wie heissest du? Er antwortete: Jakob. Da sprach er: Du sollst nicht mehr Jakob heissen, sondern Israel, d.h. Gottesstreiter, denn du hast mit Gott und mit Menschen gestritten und hast obsiegt. Und Jakob fragte ihn: Sag an, wie heissest du? Er aber sprach: Warum fragst du, wie ich heisse? Und er segnete ihn daselbst. Und Jakob nannte die Stätte: „Pniel" (Angesicht Gottes), denn, sagte er, ich habe Gott von Angesicht zu Angesicht geschaut und bin am Leben geblieben. Und als er an Priel vorüber war, ging die Sonne auf. Jakob aber hinkte an der Hüfte."

Immer wieder erzählt uns das Evangelium, dass Jesus Menschen berührt hat, nicht nur ihre Herzen, sondern auch ihren Leib. Jesus wusste, dass zum vollen Menschsein dazugehört, dass wir berührt werden. Ohne Berührung stirbt ein Mensch. Das ist besonders deutlich bei kleinen Kindern, gilt aber genau so während unseres ganzen Lebens.
So lebensnotwendig die Berührung für unser Leben ist, so lebensbedrohlich kann sie sein. Viele Menschen sind traumatisiert, weil sie berührt wurden ohne berührt werden zu wollen: vergewaltigt, geschlagen, gefoltert. Auch die Berührung durch Gott hat in der bekannten Geschichte etwas Bedrohliches: Jakob ringt eine ganze Nacht lang um sein Leben mit Gott, und er geht als Hinkender aus diesem Kampf hervor. Gleichzeitig ist es seltsamerweise Jakob, der nicht locker lässt, weil er ahnt, dass es hier letztlich um eine Berührung zum Leben geht. So sagt er im Kampf: „Ich lasse dich nicht, du segnest mich denn!" Und so stellt er am Ende fest: „Ich habe Gott geschaut von Angesicht zu Angesicht und bin am Leben geblieben." Für uns tönt das wohl v.a. so: „Obwohl ich Gott geschaut habe und mit ihm gekämpft habe, bin ich am Leben geblieben." In der hebräischen Sprache aber ergänzt die zweite Aussage die erste, so dass man übersetzen muss: „Ich habe Gott geschaut und gerade deswegen bin ich am Leben geblieben." Wir dürfen also den Kampf Jakobs nicht so verstehen, als hätte Gott *gegen* Jakob gekämpft. Vielmehr hat Gott *um* Jakob gekämpft. In Jesus ist es dann ganz deutlich geworden, dass Gott mit seinem Leben um unser Leben kämpft. Und der Segen Gottes ist gleichsam das sichtbare Zeichen dafür, dass Gott sich in diesem Kampf auf unsere Seite stellt, dass er uns ganz nahe kommt mit seiner Liebe.

Der Kampf, den wir Menschen zu bestehen haben, ist darum auch nicht ein Kampf gegen Gott, sondern eher ein Ringen um uns selbst. Ein Ringen z.B. mit all den Stimmen in uns, die sagen: „Vergiss es, du bist es nicht wert von Gott gesegnet zu werden. Erinnerst du dich nicht an all die Menschen, die es dir immer wieder gesagt haben, dass du nicht gut genug bist, dass du dumm bist, dass du es zu nichts bringen wirst, dass du immer wieder versagen wirst? Und genau so denkt auch Gott von dir."

Mein Schwiegervater hat viele Dummheiten gemacht, aber er hatte einen guten Grundsatz. Er sagte nämlich, immer wenn es darum ging, etwas zu versuchen: „Das Nein haben wir auf jeden Fall, ob wir es probieren oder nicht. Jetzt können wir doch auch schauen, ob wir ein Ja bekommen."

Und der Segen Gottes ist ein grosses Ja zu uns Menschen. Gott gibt Jakob einen neuen Namen. Er heisst jetzt Gottesstreiter, denn, sagt Gott, du hast mit Menschen gestritten und mit Gott und hast gesiegt! Und das sagt er zu einem Menschen, der immer wieder andere betrogen hat. Jakob hätte Grund genug gehabt, sich nicht segnen zu lassen, weil er ein Gauner war, aber er hielt an Gott fest, eine ganze Nacht lang und Gott hat ihn gesegnet.

Aber vielleicht ist auch jene andere Stimme da, die sagt: „Was soll das, dass ich mich segnen lasse. Die, die mich da segnen möchten sind auch nicht besser als ich. Was wollen denn die? Und überhaupt, habe ich das denn nötig ? Ich lebe doch auch so. Heisst, sich segnen zu lassen nicht, zugeben, dass mir etwas fehlt? Mich wieder klein machen? Nein, das will ich nicht!

Der Segen Gottes ist nicht nur für jene, denen etwas fehlt. Er ist sein Geschenk an uns, das wir einander weitergeben dürfen, in jedem Moment unseres Lebens. Der oder die, die segnen, sind nicht besser und nicht schlechter als die, die sich segnen lassen.

Natürlich, wenn es einem schlecht geht, haben wir es besonders nötig zu erfahren, dass jemanden zu uns steht. Aber ist es nicht auch schön, einfach so beschenkt zu werden? Gott liebt uns doch nicht, weil es uns schlecht geht oder wenn es uns schlecht geht. Gott liebt uns in jedem Moment unseres Lebens und das Zeichen dafür ist , dass wir einander in seinem Namen segnen dürfen.

Wahrscheinlich gibt es noch viele andere Stimmen, die uns daran hindern möchten, dass wir uns segnen lassen. Und wenn es nur die ist, dass uns diese Geste, dass mich jemand segnend berührt, fremd ist. Darum schätze ich sehr, dass man in der katholischen und der orthodoxen Kirche das unscheinbare Ritual des Kreuzzeichens vollziehen kann. Und sich in diesem Zeichen auch selber segnen und berühren darf. Ich möchte niemandem die inneren Stimmen ausreden. Spüren sie in ihrem Herzen nach, ob sie in aller Einfachheit und Stille jetzt um Gottes Segen bitten möchten. Und wenn sie das nicht spüren, fühlen sie sich nicht

schlechter (aber auch nicht besser). Vielleicht können sie in Gedanken auch einfach andere Menschen segnen, die ihnen grad in diesem Moment in den Sinn kommen…
Heute kann es nicht mehr darum gehen zu siegen, denn wo gesiegt wird, wird auch verloren. Eher, wie es Konstantin Wecker sagt: „Es geht ums Tun und nicht ums Siegen“. Und mindestens gelegentlich: Es geht nicht darum zu siegen, sondern darum, geschehen zu lassen, z.B. in dem ich mich segnen lasse. Einen gesegneten Tag wünsche ich ihnen!

Lukas 9, 23-27: Nicht nur folgen (im Sinne von brav sein), sondern nachfolgen!

„Jesus sprach zu allen: Wenn jemand mit mir gehen will, verleugne er sich selbst und nehme täglich sein Kreuz auf sich und folge mir nach! Denn wer sein Leben retten will, der wird es verlieren; wer aber sein Leben verliert um meinetwillen, der wird es retten. Denn was nützt es dem Menschen, wenn er die ganze Welt gewinnt, sich selbst aber ins Verderben bringt oder an sich selbst Strafe leidet? Denn wer sich meiner und meiner Worte schämt, dessen wird sich der Sohn des Menschen schämen, wenn er kommen wird in seiner Herrlichkeit und in der Herrlichkeit des Vaters und der heiligen Engel. Ich sage euch aber der Wahrheit gemäss: Es sind einige unter denen, die hier stehen, die den Tod nicht schmecken werden, bis sie das Reich Gottes gesehen haben."

Dieser Text beinhaltet eine Frage: Was nützt es…? Fragen laden zum Verweilen ein, zum Innehalten und nicht einfach geschäftig vorwärts zu stürmen. Lassen wir uns also an diesem Tag hinterfragen in Bezug auf das, was wir tun und lassen: Was nützt es? Wem nützt es?
Die eine Seite dieser Fragen kann sehr nützlich sein. Nämlich dann, wenn wir sie nicht nur in Bezug auf uns selbst und den materiellen Nutzen stellen, den wir aus einer Sache ziehen können, sondern dann, wenn wir sie in einen weiten Horizont hinein stellen.
Ich habe letzthin von einem Indianerstamm gehört, der sagt, dass nur das eine nützliche Entscheidung ist, welche nicht nur mir und im Moment nützt, sondern welche auch den nächsten sieben Generationen und der ganzen Erde dient.
Wenn wir den Nutzen einer Sache in diesen weiten Horizont stellen, werden wir uns eingestehen müssen, dass Vieles von dem, was wir tun, nicht viel nützt, resp. eher schadet. Und so taucht die andere, deprimierende, aber leider vertraute Seite der Frage auf: „Was hat es denn überhaupt noch für einen Sinn? Was nützt denn das, was ich tun kann...?".
Und die Folge davon ist ein Rückzug auf das eigene Leben oder gar aus dem Leben heraus, ein Rückzug allenfalls auf die Familie und auf seinen Besitz, ein Rückzug auf das eigene Geschäft oder vielleicht auf das eigene Land, den eigenen Glauben.
Nun ist es sicher nicht die Absicht von Jesus, uns mit dieser Frage zu deprimieren. Seine Antwort auf die Frage: Was nützt es? möchte uns öffnen. Sie heisst:

„Wenn jemand mit mir gehen will, verleugne er sich selbst und nehme täglich sein Kreuz auf sich und folge mir nach !"

Jesus sagt: „Wenn jemand mit mir gehen will..." Jesus spricht zu seinen Jüngern, also zu Menschen, die sich bereits für ihn entschieden

haben. Und trotzdem sagt er auch zu ihnen: „Wenn jemand mit mir gehen will....“
Offensichtlich ist es mit einer einmaligen Entscheidung für den Weg mit Jesus nicht einfach getan, wie ja auch jede Beziehung davon lebt, dass man sich je neu füreinander entscheidet. Auch von Gott her gilt, dass er sich immer wieder neu für uns entscheidet. Jedes neue Jahr, jeder neue Tag, aber auch jeder neue Atemzug ist ein Zeichen der Entscheidung Gottes für uns. Ein Zeichen, dass er seiner Beziehung zu uns Raum geben will. Jeder neue Atemzug ein Ja Gottes zu uns, jetzt! Vielleicht halten sie einen Moment inne und lassen sich den nächsten Atemzug in diesem Sinn schenken, als Ja Gottes zu ihnen...

„Wenn also jemand mit mir gehen will “, sagt Jesus, “verleugne er sich selbst...“. „Sich selber verleugnen“, das ist ein schwieriger Ausdruck. Er bedeutet aber nicht einfach, dass wir unsere Bedürfnisse oder gar uns selbst unterdrücken müssten. Er bedeutet nicht, dass wir nicht so sein dürfen wie wir sind. Leider wurde und wird das immer wieder so verstanden. Jemand hat es einmal humorvoll ausgedrückt, was geschieht, wenn wir das versuchen: „Ich habe den alten Adam schon oft ersäuft, aber der Kerl kann schwimmen!“ Verleugnen in diesem Sinn verstanden, befreit nicht, sondern bindet Energie. „Sich selbst verleugnen“, das übersetze ich folgender massen in die heutige Zeit: „Sich und die eigenen Erfahrungen nicht absolut setzen“. Denn die Bilder, die sich uns eingeprägt haben von uns selbst, von einander, von der Welt, von Gott, sie sind nicht fertig gemalt. Und vor allem sind es eben Bilder, fix und fest. Wir aber sind lebendige Menschen und verändern uns buchstäblich mit jedem Atemzug, den wir tun, bis in unsere Zellen hinein!
Wir sind keine fixierten Wesen. Weder unsere Geschichte, noch unsere Erziehung noch unsere Gene legen uns fest. Wir sind und bleiben offene, im Wandel befindliche Wesen. Eigentlich sind wir viel eher Prozesse, in Wechselbeziehung und verwoben mit anderen Prozessen! So wie die Zeit am Ende eines Jahres nicht einfach fertig ist, sondern Gott uns ein neues Jahr schenkt, so will er unsere gemachten Erfahrungen erweitern und uns neue Erfahrungen schenken.

Der Weg Jesu klammert also unsere menschliche Natur nicht aus, sondern, er uns ruft uns in unsere Ganzwerdung hinein. Das wird ganz deutlich am 3. Punkt, wo es heisst: „Wenn jemand mit mir gehen will, verleugne er sich selbst und *nehme täglich sein Kreuz auf sich...*“
Es gibt Dinge, die unser Leben durchkreuzen. Das Kreuz unseres Lebens, das ist das, was uns weh tut an uns selbst, es ist unsere innere Wüste, das, was uns ohnmächtig macht, das, was uns an uns unnütz scheint, das, was wir am Liebsten hinter uns lassen würden. Und gerade von diesem Kreuz sagt Jesus: Nimm es mit auf deinen Weg, und zwar jeden Tag. Wieso? Weil es Teil deines Lebens ist, und weil gerade

dieser Teil Heilung und Wandlung und Reifung braucht und spüren soll, dass auch er nicht fertig ist, sondern unterwegs. Ja, dass daraus sogar unsere grösste Gabe wachsen kann.

„Wenn jemand mit mir gehen will, verleugne er sich selbst und nehme täglich sein Kreuz auf sich und folge mir nach.“ Durch die Nachfolge bekommt unser unterwegs Sein eine Richtung und unsere Zeit einen Horizont: Unser Leben plätschert nicht einfach so dahin, sondern es ist eingebettet und unterwegs auf ein grosses Ziel hin.

Sich immer wieder für Jesus und das Leben, auch das eigene, entscheiden, sich nicht absolut setzen, das Lebenskreuz mittragen und so als ganze Menschen Jesus nachfolgen, das ist Jesu Antwort auf die Frage: Was nützt es?

Natürlich, die Welt zu gewinnen, Macht zu erlangen, das ist für uns alle ein verlockendes Ziel, das gewaltigen Nutzen verspricht, aber es ist auch die grosse Versuchung. Denn, was nützt es uns letztlich? Fragen sie sich das immer wieder während dieses Tages, wenn sie grosse und kleine Entscheidungen zu treffen haben: Was nützt es? Dient meine Entscheidung einfach dazu, meine Macht zu vergrössern - das kann durchaus auch eine Möglichkeit sein! - aber wird meine Entscheidung mir und andern auch helfen, Jesus besser nachfolgen zu können, das Leben aller, die es betrifft, lebenswerter machen? Wird sie dem einen und untrennbaren Leben, an dem alle Wesen teilhaben, dienen?

Mk. 1, 29-39 Heil oder „nur" gesund?

„Und als sie aus der Synagoge kamen, gingen sie in das Haus des Simon und des Andreas mit Jakobus und Johannes. Die Schwiegermutter des Simon aber lag mit Fieber im Bett und alsbald erzählten sie ihm von ihr. Und er trat hinzu, ergriff ihre Hand und richtete sie auf und das Fieber verliess sie und sie diente ihnen.
Als es Abend geworden war, brachten sie nach Sonnenuntergang alle zu ihm, die krank und besessen waren. Und die ganze Stadt war an der Türe versammelt. Und er heilte viele, die an mancherlei Krankheiten litten, trieb viele Dämonen aus und liess die Dämonen nicht reden, weil sie ihn kannten.
Und am Morgen, als es noch sehr dunkel war, stand er auf, ging hinaus und begab sich an einen einsamen Ort und betete dort. Und Simon eilte ihm nach samt seinen Begleitern; und sie fanden ihn und sagten zu ihm: Alle suchen dich. Da sagte er zu ihnen: Lasset uns anderswo hingehen, in die benachbarten Marktflecken, damit ich auch dort predige, denn dazu bin ich gekommen.
Und er ging und predigte in ganz Galiläa in ihren Synagogen und trieb Dämonen aus."

Zu den Kernaussagen des Neuen Testamentes gehört es, dass Jesus Menschen gesund gemacht hat, ja noch mehr, dass sie durch ihn heil wurden. Unzählige Geschichten bestätigen es: Es ist die Sehnsucht Gottes, dass wir Menschen, ja dass diese Erde heil wird.
Die Sehnsucht nach Gesundheit teilen wir Menschen mit Gott. Wir lassen uns unsere Gesundheit sehr viel kosten. Dementsprechend sehen unsere Gesundheitskosten aus. Im Bereich Gesundheit, Fitness, Kosmetik, Sport, stehen uns schier unendliche Angebote offen. Für nichts geben wir mehr Geld aus als für Gesundheit und Schönheit.
Seltsam ist nur, dass trotz dieser äusseren Gesundheitsindustrie eine markante Zunahme seelischer Erkrankungen festzustellen ist, vorab die Depression. Wie viele Menschen gibt es, die wie Hiob am Morgen erwachen und sagen: Ach, wenn es doch nur schon wieder Abend wäre und ich mich ins Bett legen könnte. Aber wenn es dann Abend ist, dann wünschen sie sich den Morgen herbei, weil sie in der Nacht keine Ruhe finden.

Währenddem wir äusserlich vor Gesundheit und scheinbarer Schönheit zu strotzen versuchen, empfinden wir Vieles in und an uns als hässlich. Aber auch wenn wir über unsere eigene Gesundheit hinaus schauen auf den Gesundheitszustand unserer Erde, erkennen wir, dass an die Stelle der natürlichen Schönheit der Natur, die oft gemachte Hässlichkeit unseres menschlichen Eingreifens getreten ist. Was nützt es uns denn, unsere Widerstandskraft zu erneuern, wenn die Widerstandskraft der Erde langsam aber sicher versiegt? Was nützt es uns denn, wenn wir uns wie neugeboren fühlen, während unser Planet im Todeskampf liegt?

Und so spüren wir vielleicht, dass wir einem sehr beschränkten Gesundheitsideal nachjagen, nämlich dem, des persönlichen, und v.a. körperlichen Wohlbefindens. Zudem hat jemand einmal treffend gesagt: „Gesund sein heisst, nur nicht genügend untersucht worden zu sein!" Hinter dem Ideal steht meines Erachtens der Wunsch nach Unabhängigkeit. Krank sein bedeutet ja, abhängig zu sein. Gesund sein heisst für viele Menschen u.a. nichts und Niemanden zu brauchen, selbständig zu sein, auf eigenen Füssen zu stehen. Aber sagen sie einmal: Was nützt es uns denn, auf eigenen Füssen zu stehen, wenn wir bald nichts mehr haben, worauf wir unsere Füsse stellen können, weil unsere Erde am Sterben ist?

Und ich frage sie: Wenn man so unabhängig und gesund geworden ist, dass man nichts und Niemanden mehr braucht: Wozu werden wir selbst dann noch gebraucht? Wozu dient uns dann unsere Gesundheit? Und tatsächlich ist das eine der ganz schwierigen Fragen, die sich viele von uns immer häufiger stellen: Wozu werde ich eigentlich noch gebraucht? Bin ich überhaupt noch gut für etwas?

Es geht nicht darum, dass wir uns nicht um unsere Gesundheit bemühen dürften, aber ich denke, dass wir uns eine Frage stellen müssen. Und die heisst: „*Wozu* will ich denn eigentlich gesund werden. Und *wozu* möchte uns Gott denn heilen?
Das Beispiel der Schwiegermutter des Petrus kann uns weiterhelfen. Von ihr heisst es: "Jesus trat herzu, ergriff ihre Hand und richtete sie auf. Da wich das Fieber von ihr, und sie diente ihnen." Und sie diente ihnen. Das ist das Geheimnis der Heilwerdung, dass wir uns von Jesus aufrichten und zurückführen lassen in die Beziehung zur Welt. Gesund, werden viele Menschen, aber ob sie auch heil werden? Jesus machte einmal 10 Aussätzige gesund, aber nur einer wurde heil. Jener, der nicht nur seine neu gewonnene Gesundheit sah, sondern dadurch zurück fand in eine neue Beziehung zu Gott.

Nun gibt es auch noch eine andere Situation. Nämlich die, dass Menschen hartnäckig an ihrer Krankheit festhalten, oft unbewusst. Sie lassen sich zwar pflegen und suchen auch regelmässig einen Arzt auf, aber es scheint, dass sie mit ihren Beschwerden an kein Ende kommen. Ich frage mich, ob wir nicht manchmal an einer Krankheit festhalten, weil wir das für die einzige Möglichkeit halten, wie wir wenigstens noch ein bisschen Zuwendung und eventuell noch etwas Zärtlichkeit bekommen, und uns auf diese seltsame Weise als nützlich erfahren.
Auch in dieser Situation gilt uns allen die Sehnsucht Gottes, dass wir heil werden.

Nun wird aber im Text auch deutlich, dass Jesus sich Menschen entziehen kann. Als er früh am Morgen an einen einsamen Ort geht, um zu beten, kommen seine Jünger und sagen: „Alle suchen dich." Und da sagt er zu ihnen: „Lasst uns anderswo hingehen, in die benachbarten Ortschaften, damit ich auch dort verkündige, denn dazu bin ich gekommen." Menschen gesund zu machen, sie von ihren Leiden und Schmerzen zu befreien, das ist ein tiefes Anliegen Gottes. Aber bei Jesus geht es nicht nur um das Gesundwerden um der Gesundheit willen. Es geht darum heil zu werden. Und heil werden kann auch ein kranker Mensch. Denn heil werden heisst, erkennen, dass wir nicht für uns alleine leben, sondern in einen grossen Zusammenhang hineingehören, dass wir zusammen die eine Menschheitsfamilie bilden. Und dass es niemals darum gehen kann, dass Gott uns daraus heraus erlöst, sondern dass wir unsern Dienst dazu leisten, dass die Welt heil wird. Manche Menschen finden gerade auch durch ihre Krankheit zu dieser Einsicht, dass wir eine Welt sind und ohne einander niemals zu wirklichem Leben finden können. Darum drängt Jesus weiter mit seiner Verkündigung, obwohl noch viele Kranke auf ihn warten. Mit Allen will er die Nähe Gottes zu seiner Welt teilen.

Ich hatte zwei schöne Begegnungen mit Menschen, die nicht mehr darauf hoffen können, gesund zu werden, und dennoch strahlen sie etwas Heiles aus, ja etwas Heiliges. Sie haben in ihrem letzten Lebensabschnitt ihre Aufgabe entdeckt und leben sie. Es ist die des Gebetes für andere Menschen und für die Welt.

Kranksein ist keine Garantie dafür, dass ich wieder gesund werde. Nie krank sein ist aber auch nicht automatisch gesund!

Ich wünsche uns allen, dass wir in Gesundheit und Krankheit, die jeweilige Aufgabe wahrnehmen, die Gott uns für jeden Abschnitt unseres Lebens anvertraut.

Mk. 1, 14-20: Hier und jetzt

„Nachdem Johannes gefangen gesetzt worden war, kam Jesus nach Galiläa, predigte das Evangelium Gottes und sprach: Die Zeit ist erfüllt und das Reich Gottes ist genaht; kehrt um und glaubt an das Evangelium! Und als er am galiläischen See hinging, sah er Simon und Andreas, den Bruder des Simon, im See das Netz auswerfen; sie waren nämlich Fischer. Und Jesus sprach zu ihnen: Kommt her, folget mir nach, und ich will machen, dass ihr zu Menschenfischern werdet. Da verliessen sie alles, was sie alsbald ihre Netze und folgten ihm nach. Als er dann ein wenig weiterging, sah er Jakobus, den Sohn des Zebedäus, und seinen Bruder Johannes ebenfalls im Schiff, wie sie die Netze ausbesserten. Und alsbald reif er sie zu sich. Da liessen sie ihren Vater Zebedäus samt den Tagelöhnern im Schiff und schlossen sich ihm an."

Wir haben uns einem ökonomischen System verkauft, in dem sich immer mehr Kapital in den Händen weniger Superreicher ansammelt und in dem die Mehrheit der Menschen in menschenunwürdigen Umständen elend zu Grunde geht. Der Horizont der einen besteht in der Vermehrung ihrer Gewinne. Den Andern entschwindet ihr Lebenshorizont immer mehr. Gewisse Unternehmen können es sich leisten, Rekordgewinne zu verzeichnen und gleichzeitig tausende Stellen zu streichen. Andern reicht es nicht einmal zum täglichen Brot.
Uns allen malt Jesus einen neuen Horizont vor Augen: „Erfüllt ist die Zeit, und nahegekommen ist das Reich Gottes. Kehrt um und glaubt an das Evangelium."

Erfüllt ist die Zeit, voll ist sie. Womit denn ist sie angefüllt? Wovon ist sie voll? Sie ist voll von Gott. Er hat sie sozusagen mit sich selbst ausgefüllt. Gott hat in der Zeit Wohnung genommen. Er wohnt in der Zeit. In jeder Zeit: In der Vergangenheit, in der Gegenwart und in der Zukunft. In der guten und in der schwierigen Zeit. Gott ist da, jetzt.
Wie wenn man etwas Gutes kocht, und der Duft das ganze Haus füllt und in jede Ritze dringt, so füllt Gott jeden Winkel der Zeit. Kein Augenblick, in dem er nicht gegenwärtig wäre.
Nahegekommen ist das Reich Gottes. Mitten unter euch ist es, sagt Jesus. Gott füllt nicht nur die Zeit, er füllt auch den Raum. Die ganze Erde ist voll seiner Herrlichkeit.

Mary Oliver drückt es so aus:

„Nie in meinem Leben fühlte ich mich dieser porösen Linie so nahe, wo mein eigener Leib aufhört und die Wurzeln, Stengel und Blumen beginnen." (Übersetzung des Autors)

Diese Entgrenzung könnten wir nicht erfahren, wenn nicht Gott selbst sich entgrenzt hätte in Raum und Zeit hinein. Was aber bedeutet es für uns?
Zunächst scheint es wichtig, sich immer wieder an diese heilende Gegenwart Gottes zu erinnern, sich in sie hinein zu geben, sich ihr anzuvertrauen, sich in sie hinein zu entspannen, so wie man sich gelegentlich auf der Erde ausstreckt und zur Ruhe kommt. Jeden Tag neu. Bei allen möglichen und unmöglichen Gelegenheiten. Das könnte uns einen neuen Zugang eröffnen zu dem etwas moralisch vorbelasteten Begriff der Umkehr, den Jesus braucht:
„Kehrt um“, sagt Jesus, „und glaubt an das Evangelium.“
Was aber heisst Umkehr in einer Welt, die ganz von Gott erfüllt ist? Heisst es nicht genau das: Zu entdecken, dass Gott sich uns schon zugewandt hat? Dass er immer schon da ist, wo wir sind. Unabhängig davon, wo wir sind und was wir denken und tun, Gott ist schon mit uns. Das wird auch deutlich am Verhalten Jesu: Er selbst kehrt sich den Menschen zu, geht auf sie zu und ruft sie in die Nachfolge. In Jesus geschah das punktuell an einzelnen Menschen, zu bestimmten Zeiten. Durch den Geist aber macht Gott deutlich, dass er sich der ganzen Welt zugewandt hat. Darum hat Umkehr auch mit Entspannung zu tun. Aufatmen können, dass das, was wir in der Ferne unerreichbar wähnten, uns so nahe gekommen ist.
Darum gibt es nicht einen Bereich, indem Gott eine Rolle spielt, und einen andern, indem er keine Bedeutung hätte. Es gibt nicht eine Zeit, in der Gott uns nahe ist und eine andere, in der er uns fern steht. Die Zeit ist erfüllt, das Reich Gottes ist genaht.
Wenn wir also Gott nicht erfahren, dann ist es nicht, weil Gott abwesend wäre, sondern weil wir Menschen so selten anwesend sind. Wir fühlen uns bei uns selbst nicht zu Hause. Wir sind uns zu wenig, darum flüchten wir zu den Dingen, darum flüchten wir in Vergangenes und Zukünftiges. Wir ertragen uns selbst nicht und so laufen wir ständig vor uns selbst davon. Wir sind nicht bei uns selbst und darum sind wir auch nicht bei Gott. Gott hat uns schon oft besucht, aber wir sind so selten (bei uns selbst) zu Hause.

Ich möchte sie einladen zu einer ganz einfachen Übung in der es darum geht, bei sich selbst anzukommen und gerade so auch Gott zu empfangen. Es ist eine Einübung in die Umkehr. Sie müssen keine Angst haben. Sie müssen nicht aufstehen, sich nicht bewegen, nichts sagen, sondern sie dürfen einfach sein, so wie sie sind, und das mit ganzem Herzen.

Ich lade sie ein, sich so hinzusetzen, dass sie ein paar Minuten ruhig sitzen können. Für die Übung ist es hilfreich, die Augen zu schliessen.

Werden sie sich nun den Körperempfindungen bewusst, die schon da sind, ohne dass sie sie vielleicht bewusst wahrgenommen haben. Beginnen sie bei den Empfindungen in den Schultern. Spüren sie wie ihr Rücken in Kontakt ist mit z.B. der Lehne des Stuhls oder dem Kissen des Sofas…
Werden sie sich nun ihrer Hände bewusst, wie sie sich berühren oder auf dem Schoss liegen oder das Büchlein halten, in dem sie gerade lesen…. Spüren sie nun ihre Oberschenkel und ihr Gesäss, wie sie auf der Unterlage aufliegen… Spüren sie nun ihre Füsse, wie sie in den Schuhen sich anfühlen oder wie sie in Kontakt sind mit dem Teppich, dem Boden…. Nun werden sie sich ihrer ganzen Sitzhaltung bewusst. Wandern sie noch einmal durch ihren Körper: Schultern... Rücken... rechte Hand... linke Hand...Gesäss... Oberschenkel...Füsse... und den ganzen Leib...
Werden sie sich nun ihres Atems bewusst…. Werden sie sich der Luft bewusst, wie sie durch die Nasenlöcher ein- und ausströmt. Kontrollieren sie den Atem nicht, beobachten sie ihn, wie er kommt und geht, kommt und geht…
Bedenken sie nun, dass die Luft, die sie einatmen mit der Kraft und der Gegenwart Gottes erfüllt ist... Stellen sie sich die Luft als ein riesiges Meer vor, das sie umgibt... ein Meer ganz gefärbt von der Gegenwart und dem Sein Gottes... mit der Luft, die sie einatmen, atmen sie Gott ein... Seien sie sich bewusst, dass sich ihnen die Kraft und die Gegenwart Gottes schenkt, jedes Mal neu, wenn sie einatmen...
Füllen sie ihre Lungen mit der Gegenwart Gottes.
Während die ausatmen, stellen sie sich vor, dass sie alles Bedrückende ausatmen... alle Ängste... alle Sorgen...
Stellen sie sich vor, wie ihr ganzer Körper zu leuchten beginnt, weil sie Gottes Leben spendenden Geist einatmen und alle Unruhe ausatmen. Bleiben sie bei dieser Übung solange sie mögen… und erinnern sie sich, dass das Reich Gottes und damit er selbst, nahe ist. Das gilt auch dann, wenn sie die Übung beenden und sich wieder ihrem Alltag zuwenden!
Wenn nicht jetzt - wann denn?
Wenn nicht hier - wo denn?
Wenn nicht ich - wer denn?

Eph. 1, 3-4 und Mk. 2, 13-17: Vor aller Zeit ist jetzt!

„Gepriesen sei Gott, der Vater unseres Herrn Jesus Christus, der uns mit jedem geistlichen Segen in der Himmelswelt durch Jesus Christus gesegnet hat. So hat er uns ja in ihm erwählt vor Grundlegung der Welt, damit wir heilig und untadelig vor ihm seien…"

„Jesus ging wieder an den See hinaus, und alles Volk kam zu ihm, und er lehrte sie. Und im Vorübergehen sah er Levi, den Sohn des Alphäus, an der Zollstätte sitzen; und er sagte zu ihm: Folge mir nach! Da stand er auf und folgte ihm nach. Und es begab sich, dass er in dessen Hause zu Tische sass, und viele Zöllner und Sünder sassen mit Jesus und seinen Jüngern zu Tische; denn sie waren viele, die ihm nachfolgten. Und als die Schriftgelehrten der Partei der Pharisäer sahen, dass er mit den Zöllnern und Sündern ass, sagten sie zu seinen Jüngern: Warum isst er mit Zöllnern und Sündern? Und Jesus hörte es und sprach zu ihnen: Nicht sie Starken bedürfen des Arztes, sondern die Kranken. Ich bin nicht gekommen, Gerechte zu berufen, sondern Sünder."

Sinngemäss übersetze ich den über vollen Satz aus dem Epheserbrief: „Gott liebte uns schon, bevor er die Welt schuf. Für ihn gehören wir mit Christus zusammen vor aller Zeit."
Wenn sie nur diesen Satz in sich aufnehmen, ihn kauen wie Brot, ihn mit sich herumtragen wie einen kostbaren Schatz, werden sie sehr weit kommen. „Gott liebte uns schon, bevor er die Welt schuf. Für ihn gehören wir mit Christus zusammen vor aller Zeit. "
Das heisst nämlich, dass jeder Mensch, von Anbeginn an, geboren und geborgen ist im Herzen Gottes und in der Gemeinschaft mit Christus. Wir sind entstanden als Gedanke der Liebe Gottes, als Menschen, die zur Gemeinschaft berufen sind. Die Liebe Gottes und die Gemeinschaft mit Christus sind unser Ursprung.
Wir stehen also Gott nicht im Weg, sondern sind in unserm tiefsten Wesen Teil seines Planes seit Anbeginn der Schöpfung. Teil seiner Vision, die er für diese Welt hat, noch bevor sie geschaffen wurde. Es ist also nicht so, dass Gott am Schaffen war, und nun tauchen da auf einmal Menschen auf. Und Gott sagt: „Himmel noch einmal, woher kommen jetzt die? Die hatte ich jetzt wirklich überhaupt nicht eingeplant." Nein, sagt Paulus: Seit Anbeginn ist „jeder Hinterletzte" gewollt und geliebt. Und Gott hat an diesem Gedanken festgehalten über die ganze Zeit der Entwicklung des Universums. 14 Milliarden Jahre lang hat Gott den Gedanken, den er von uns hatte, reifen und wachsen lassen. 14 Milliarden Jahre lang hat das Universum daran gearbeitet, uns hervorzubringen. Und bis zum heutigen Tag ist es die Sehnsucht Gottes, dass jedes Wesen diesen Liebes- und Gemeinschaftsgedanken Gottes, den er von uns hat, in seinem Leben verwirklichen darf.

Wir sind also die Frucht einer ungeheuren und langen Entwicklung, die noch nicht abgeschlossen ist. Wem das aufgeht, was für eine Arbeit das Universum geleistet hat, uns hervorzubringen, wird mit Staunen erfüllt werden und mit Freude.
Und wenn wir dazu bedenken, dass Gott uns mit der Freiheit zu entscheiden begabt hat, werden wir noch mehr ins Staunen versetzt. Er betraut uns so mit der Verantwortung, an seinem Plan mitzuwirken, und seine Liebe, die er für diese Welt hat, mit unsern Möglichkeiten zu verwirklichen.

Ich weiss von mir selber, dass unser Ursprung in der Liebe Gottes oft wie zugeschüttet ist. Zwischen diesen Ursprung und unsere Gegenwart haben sich Erfahrungen und Verletzungen festgesetzt, die uns von diesem Ursprung zu trennen scheinen. Wir sehen nicht mehr den Ursprung, sondern, wie wir in der Schweiz sagen, „den Sprung in unserer Schüssel“. Wir erahnen nicht mehr unsere Möglichkeiten, sondern fixieren uns auf unsere Mängel. Jemand hat sogar den Ausdruck geprägt, dass wir Menschen Mängelwesen seien. Und so verbringen wir unser Leben damit, zu versuchen, diese Mängel auszumerzen, wobei immer deutlicher wird, dass wir mit den Mängeln eben auch uns selbst wegrationalisieren und uns mit Maschinen zu ersetzen versuchen. Oder wir nehmen andere Menschen in die Mangel, um unsere Mängel wettzumachen.

Nun sagt unser Text auch, dass Gott nicht einfach Zuschauer dieser Verwicklungen ist, sondern dass er weiterhin sein Werk begleitet: In Jesus Christus gibt er uns Anteil an seiner himmlischen Welt. Durch ihn hat er uns mit der ganzen Fülle seiner Gaben beschenkt. Christus legt sozusagen den Blick auf den verschütteten Ursprung wieder frei. Durch ihn wird deutlich, was Gott von jeher wollte: Nämlich dass der Gedanke, den er von uns hat, in uns Fleisch und Blut werden kann; dass die Absicht, die er mit uns hat, in uns und jedem Wesen lebendig wird. Dass wir zu dem Menschen werden, den Gott gemeint und gewollt hat. Und dort, wo wir uns auf die Absicht Gottes einlassen, werden wir auch zu uns selbst finden. Wir müssen keine Angst haben, als stecke dahinter eine Absicht, quasi einförmig geklonte Christen zu produzieren, so dass wir unsere eigene Art verlieren würden. Dann würden wir tatsächlich eigenartig und am Schluss wohl nur noch eigen und gar nicht mehr artig! Das sind aber unsere Menschengedanken und Befürchtungen, die sich zwischen uns und unsern Ursprung stellen. Niemals aber die Absicht Gottes. Sein Gedanke für uns ist unser unverwechselbares, lebendiges Menschsein.
Ich denke, es geht in unserm Leben darum, den Blick auf diesen Ursprung freizuschaufeln. Das ist ein oft mühsamer und schmerzhafter Prozess. Denn im Laufe dieses Prozesses werden wir erst recht mit all

dem konfrontiert, was uns im Wege steht, und was uns im Laufe unseres Lebens verletzt hat. Und doch meine ich, führt kein Weg an diesen Hindernissen vorbei, aber durch sie hindurch. Und ich glaube auch, dass wir ihn dort gehen können, wo wir uns in diese Verheissungen Gottes hinein verwurzeln, jeden Tag neu.
Die Zusage aus dem Epheserbrief ist so ein Wurzelsatz, an dem wir wachsen können. Darum hören wir ihn zum Schluss noch einmal:
„Gott liebte uns schon, bevor er die Welt schuf. Für ihn gehören wir mit Christus zusammen vor aller Zeit."

Joh. 20, 24-29: Ein verwundetes Herz ist ein ganzes Herz

„Thomas aber, einer von den Zwölfen, der auch Didymus genannt wird, war nicht bei ihnen, als Jesus kam. Die andern Jünger sagten ihm nun: Wir haben den Herrn gesehen. Er aber sagte zu ihnen: Wenn ich nicht an seinen Händen das Mal der Nägel sehe und lege meinen Finger in das Mal der Nägel sehe und lege meine Hand in seine Seite, werde ich es nicht glauben. Und nach acht Tagen waren seine Jünger wiederum drinnen und Thomas mit ihnen. Jesus kam, als die Türen verschlossen waren, trat in die Mitte und sprach: Friede sei mit euch! Dann sagte er zu Thomas: Reiche deinen Finger hierher und siehe meine Hände, und reiche deine Hand her und lege sie mir in die Seite, und sei nicht ungläubig, sondern gläubig! Thomas antwortete ihm: Mein Herr und mein Gott! Jesus sagte zu ihm: Weil du mich gesehen hast, hast du geglaubt. Selig sind die, welche nicht gesehen und doch geglaubt haben."

„An ihren Früchten werdet ihr sie erkennen", heisst ein geflügeltes Wort. „An seinen Wunden werdet ihr ihn erkennen", müssen wir sagen in Bezug auf unseren Text. Denn der auferstandene Jesus Christus wird nicht daran erkannt, dass er irgendwelche spektakulären Dinge kann, die er vorher nicht konnte. Im Gegenteil, er wird an etwas erkannt, was er sozusagen von früher her mitbrachte: Nämlich an seinen Wunden und Verletzungen. Das ist für die Menschen von damals entscheidend: Ist es derselbe, der den weiten Weg der Liebe bis ans Kreuz gegangen ist?

Auferstehung, wird also gemessen an dem, wie sie mit unseren Verletzungen umgeht. Das neue Leben wird gemessen daran, ob es da Platz gibt für unsere Wunden.

Das mag erstaunen, ja vielleicht sogar enttäuschen. Hatten wir nicht gehofft, dass die Auferstehung Schluss macht mit all unsern Wunden? Hoffen wir nicht, dass uns die Auferstehung alles vergessen lässt, was irgendwie mit Leiden zu tun hat?

Und nun taucht der Auferstandene auf und wird ausgerechnet an seinen Wunden erkannt. Was könnte das bedeuten?

Gott will offenbar nicht den perfekten, sondern den ganzen Menschen. Der ganze Mensch beinhaltet aber immer auch den verwundeten, verletzten, zerbrochenen Menschen. Und in der Welt der Auferstehung ist offenbar Platz für unser ganzes Menschsein. Gerade darum aber beginnt Auferstehung schon heute, mitten unter uns. Nämlich dort, wo unser verletztes Menschsein Raum bekommt. Wir müssen also nicht als arme Erden-Menschen auf die Auferstehung warten, die dann irgendwann einmal in einer fernen Zeit über uns hereinbrechen wird. Nein, sie steht vor der Tür und klopft an unser Leben.

Offenbar gibt es einen tiefen Zusammenhang zwischen unserm Leben jetzt und der Auferstehung. Lange lebten wir, als gäbe es keinen Zu-

sammenhang. Wir orientierten uns mehr oder weniger bewusst an der Allmacht Gottes. Wir haben uns in frommer Absicht gesagt: Der Mensch kann von sich aus nichts tun. Und so spielt es letztlich auch keine Rolle, was wir tun und wie wir handeln. Es schien oft wie keine Rolle spielen zu dürfen, denn jeder Einfluss des Menschen schien uns eine Schmälerung der Gnade Gottes. Gott lässt sich nicht ins Handwerk pfuschen, hört man gelegentlich. Er wird letztlich alles wieder ins Lot bringen. Von der Auferstehung erwarteten wir deshalb einfach, dass sie alles neu macht und das Vergangene auslöscht. Und nun taucht dieser Christus auf und zeigt uns als Auferstandener seine Wunden. Und wissen sie was: Daran hängt unser Leben.
Was würde denn noch von uns auferstehen, wenn wir unsere Verletzbarkeit draussen lassen müssten? Wer von uns würde denn noch auferstehen, wenn nur die Unverwundeten gerufen wären?
So macht die Begegnung mit dem auferstandenen Jesus Christus gerade auch unser verletztes Leben wertvoll. Wir müssen es nicht verstecken. Es gehört dazu. Und die Begegnung mit ihm macht auch unser Handeln wertvoll. Ruft es in die Verantwortung, macht uns deutlich, dass wir MitschöpferInnen Gottes sind. Und dass die neue Schöpfung auch unsern Stempel tragen wird.
Thomas konnte seine Hände in die Wunden Jesu Christi legen und so zu einem ganz neuen Vertrauen in diesen Christus finden. Wir haben heute eine andere Möglichkeit als Thomas. Nämlich: Christus zu entdecken als den, der seine Hände in unsere Wunden legt, um uns zu zeigen, dass er uns annimmt. Sie wissen, das kann wehtun, wenn jemand an unsere Wunden rührt. Aber durch die Begegnung mit ihnen, kann in uns ein ganz neues Vertrauen heranwachsen, das bereit wird, sich auf die Wunden anderer und der Welt einzulassen. Auferstehung ist nichts Zukünftiges: Sie geschieht heute oder gar nie.

Wage zu teilen, was da ist: Joh. 6, 1-15

„Danach ging Jesus weg auf die andere Seite des Sees von Tiberias; und es folgte ihm eine große Volksmenge, weil sie die Zeichen sahen, die er an den Kranken tat. Jesus aber ging hinauf auf den Berg und setzte sich dort mit seinen Jüngern. Es war aber das Passah nahe, das Fest der Juden. Als nun Jesus die Augen aufhob und sah, dass eine große Volksmenge zu ihm kommt, spricht er zu Philippus: Woher sollen wir Brote kaufen, dass diese essen? Dies sagte er aber, um ihn zu prüfen; denn er selbst wußte, was er tun wollte. Philippus antwortete ihm: Für zweihundert Denare Brote reichen nicht für sie hin, dass jeder auch nur ein wenig bekomme. Einer von seinen Jüngern, Andreas, der Bruder des Simon Petrus, spricht zu ihm: Es ist ein kleiner Knabe hier, der fünf Gerstenbrote und zwei Fische hat. Aber was ist dies unter so viele? Jesus sprach: Macht, dass die Leute sich lagern. Es war aber viel Gras an dem Ort. Es lagerten sich nun die Männer, an Zahl etwa fünftausend. Jesus aber nahm die Brote, und als er gedankt hatte, teilte er sie denen aus, die da lagerten; ebenso auch von den Fischen, so viel sie wollten. Als sie aber gesättigt waren, spricht er zu seinen Jüngern: Sammelt die übrig gebliebenen Brocken, damit nichts umkomme. Sie sammelten nun und füllten zwölf Handkörbe mit Brocken von den fünf Gerstenbroten, welche denen, die gegessen hatten, übrig blieben. Als nun die Leute das Zeichen sahen, das Jesus tat, sprachen sie: Dieser ist wahrhaftig der Prophet, der in die Welt kommen soll. Da nun Jesus erkannte, dass sie kommen und ihn ergreifen wollten, um ihn zum König zu machen, zog er sich wieder auf den Berg zurück, er allein.“

Es gibt die Geschichte eines älteren Mannes, der nur noch wenige Wochen zu leben hat. Er beschliesst, diese letzte Zeit seines Lebens in einer ärmlichen Hütte mitten in der Wildnis Australiens zu verbringen. Es ist der Ort, an dem er seine Kindheit verbracht hatte. Um dorthin zu gelangen, muss er aber einen 2-3 wöchigen Fussmarsch auf sich nehmen. Dennoch bricht er auf.
Zur gleichen Zeit befinden sich in dem Gebiet eine Familie mit ihrem 10 jährigen, sehr verwöhnten Jungen. Da geschieht ein Unglück: Mitten in der Wildnis kommen die Eltern bei einem Unfall ums Leben. Nur der Junge überlebt und bleibt völlig hilflos allein zurück. Zufällig wird er von dem sterbenden Mann entdeckt, der zunächst alles andere als erfreut ist, weil er die Verantwortung für den Jungen tragen muss. Und er weiss: Heraus führen kann er den Jungen nicht, dazu ist keine Zeit. Er wird sterben, noch bevor die Beiden sicheren Unterschlupf finden können. Was also soll er tun? Innerhalb weniger Tage wird er sterben und der Junge, dieses verwöhnte Muttersöhnchen, muss allein zurechtkommen. Wie kann er ihm in aller Schnelle das Nötigste zum Überleben beibringen?

Der Anfang des Unterrichts scheint grausam oder mindestens unverständlich: Der alte Mann ignoriert den Jungen ganz einfach. Er fängt sich einen Fisch und isst ihn vor den Augen des Jungen auf. Als der Junge ihn anbettelt, jagt er ihn weg. Der Junge aber folgt ihm und bettelt ihn beim nächsten Fisch wieder an. Und wieder gibt ihm der Mann nichts ab. Der Junge isst die Gräten, die der Mann übrig lässt.
Nach einem Tag sagt der Mann zu ihm: Pass auf, was ich jetzt mache. Du musst lernen ein Feuer zu machen. Ich werde es aber nicht für dich machen, du musst es allein zustande bringen. Dann macht der Mann ein Feuer, brät den gefangenen Fisch und löscht es dann wieder aus.
Wie der Mann mit dem Kind umgeht, scheint grausam zu sein, und doch steht hinter seinem Verhalten tiefes Mitgefühl. Er hat sich ganz in den Jungen hineinversetzt. Er weiss, was zu tun ist, und er weiss, dass er es nicht für den Jungen tun kann. Der Junge muss es selbst tun. Und er hat nur ein paar Tage Zeit, es zu lernen.
Während sie sich so der Hütte nähern, lernt der Junge, wie man in der Wildnis die Richtung findet, wie man ein Schutzdach baut, wie man einen Fisch fängt und wie man Feuer macht - kurz: Er lernt, wie man in der Wildnis überlebt. Der alte Mann stirbt, der Junge begräbt ihn und marschiert allein weiter. Er hat seine Lektion gelernt.
Was hat diese Geschichte mit dem Bibeltext zu tun?
Auch im Bibeltext stehen die Jünger, wie der kleine Junge, einer Notsituation gegenüber: Wie nur sollen die vielen Menschen in der Einöde draussen Nahrung bekommen? Die Jünger scheinen das Vernünftige zu tun: Sie delegieren die Not über Jesus an die Menschen selber ab. „Schick die Menschen weg, sie sollen sich selber Brot kaufen." So delegiert anfangs auch der kleine Junge die Verantwortung für sein Leben an den Mann ab, indem er ihn um Essen bittet. Was sollte er auch anderes tun?
Jesus und der alte Mann aber weigern sich dagegen.
„Gebt ihr ihnen zu essen!" lautet die harte Entgegnung Jesu an seine Jünger. „Lerne selber einen Fisch zu fangen", stösst der Mann den Jungen auf sich selbst zurück. Ist das nicht unchristlich? Müsste Nächstenliebe nicht anders aussehen? Tut Jesus damit nicht dasselbe, was die Jünger tun wollten, nämlich die Verantwortung von sich selbst wegschieben? Und handelt nicht auch der Mann so, wie es in unserer Gesellschaft allgemein anerkannt ist, nämlich dass jeder für sich selbst schauen muss?
Es gibt entscheidende Unterschiede: Gemäss den Jüngern sollte jeder für sich schauen, gemäss Jesus sollten sie zueinander Sorge tragen, Verantwortung für die Gemeinschaft übernehmen. Gemäss dem Jungen, soll der Mann ihm das Leben abnehmen. Gemäss dem Mann, soll der Junge von ihm lernen, sein Leben leben zu lernen. Die Jünger haben sich selbst im Auge. Sie wollen die Menschen loswerden, wollen nicht die Mühsal des Teilens auf sich nehmen, und trauen es sich auch nicht

zu, dass sie genug zu essen für alle zusammenbringen. Jesus aber hat die Menschen und die Jünger im Auge. Beiden will er zu einer unverhofften Erfahrung verhelfen.
Und auch der alte Mann zieht sich nicht aus der Verantwortung zurück. Vielmehr weckt er im Kind die Selbstverantwortung.
Das tönt zwar ähnlich wie das oft gehörte „jeder muss für sich selber schauen, mir hilft auch niemand.“ Das tönt zwar so, als wolle man den andern zur Selbstverantwortung verhelfen. Oft steckt dahinter aber nur die Angst, dass man sich allenfalls die Hände schmutzig machen muss, wenn man sich auf Menschen in einer schwierigen Situation einlässt. Es gibt Menschen, die wehren sich vehement für den Schutz ungeborenen Lebens, aber verschliessen sich all den bereits Geborenen, die als Flüchtlinge an den Grenzen unserer Länder stehen!
Beide Geschichten zeigen deutlich, dass „Selbstverantwortung im andern wecken“ nicht heisst, ihn sich selbst zu überlassen. Weder Jesus noch der alte Mann ziehen sich aus dem Geschehen zurück. Gerade indem sie in der Situation drin bleiben, können die andern entdecken, wozu sie fähig sind. Der Junge lernt zwar selbst, was er eigentlich alles kann, aber stets im Gegenüber zu dem alten Mann. Und die Jünger sammeln zwar selbst das Vorhandene ein, aber stets ermutigt durch Jesus. Und gerade durch das Teilen lernen sie, wie aus einem Mangel Fülle wachsen kann.
Manchmal habe ich den Eindruck, dass bei uns gilt, wer sich möglichst nichts selber zutraut, der ist ein guter Christ. Selbstvertrauen und eigene Initiative erwecken oft den Anschein, als wolle man damit gleich Gott den Platz streitig machen. Alles menschliche Vermögen und alle eigene Kraft werden bei uns immer wieder schlecht gemacht und in den Bann der Sünde gestellt. So wird auch das Gebet oft missbraucht als eine Möglichkeit, sich aus der Verantwortung zu stehlen. Gott soll doch das tun, was uns nicht so einfach gelingt, oder wozu wir uns wohl manchmal zu schade sind. Das Gebet aber sollte uns vielmehr Hilfe sein, unsere Verantwortung zu entdecken und sie wahrzunehmen, wahr zu machen. Jesus hat keine Angst, dass ihm durch das Tun der Jünger an Ehre verlorengeht. Er ermutigt zum Handeln. Allerdings erinnern uns beide Geschichten daran, dass wir die Eigenverantwortung für unser Leben nur dort erlernen können, wo wir in der gegenseitigen Verantwortung füreinander zu leben wagen, und nicht einfach sagen: „Du musst halt selber schauen.“
In diesem Sinn möchte ich uns ermutigen, in schwierigen Situationen die Worte Jesu nicht zu überhören, die da heissen: „Gebt ihr ihnen zu essen.“ Jesus spielt uns darin die Möglichkeit zu, zu entdecken, wer wir wirklich sind. So können gerade auch unsere Wüsten zu blühen anfangen:

„Deine Wüste ist
Bereitung, Prüfung, Gnade.
Sie verändert uns,
wenn wir sie einlassen,
sie erleben, sie aushalten.
Dann wirst du du,
und ich werde ich,
mit all meinen Möglichkeiten!
Und wir ergänzen uns
gemeinsam auf dem Weg.“

Mth. 12, 38-42: Wunder gibt's schon noch, aber kaum mehr jemanden, der sich wundert!

„Etliche von den Schriftgelehrten und Pharisäern sagten zu Jesus: Meister, wir wollen von dir ein Zeichen sehen. Er aber antwortete und sprach zu ihnen: Ein böses und abtrünniges Geschlecht begehrt ein Zeichen; und ein Zeichen wird ihnen nicht gegeben werden als nur das Zeichen des Propheten Jona. Denn wie Jona drei Tage und drei Nächte im Schoss des Meeresgestüms war, so wird der Sohn des Menschen drei Tage und drei Nächte im Schoss der Erde sein. Die Männer von Ninive werden im Gericht mit diesem Geschlecht auftreten und es verurteilen; denn sie taten Busse auf die Predigt des Jona hin, und siehe, hier ist mehr als Jona. Die Königin von Süden wird im Gericht mit diesem Geschlecht auftreten und es verurteilen; denn sie kam von den Enden der Erde, um die Weisheit Salomons zu hören, und siehe, hier ist mehr als Salomo."

Als Menschen lieben wir es, wenn wir ein Zeichen bekommen, z.B. ein Zeichen der Zuneigung oder nur schon einen Gruss. Auch die Menschen damals wollten mehr Zeichen von Jesus. Er aber verweist sie auf das eine Zeichen des Propheten Jona. Was für ein Zeichen ist das? Jona hört den Ruf Gottes deutlich, hört seine innere Stimme, weicht ihr aber aus. Viele Menschen wünschen sich das, was Jona so deutlich vernommen hat, selber zu hören: Nämlich, den Ruf Gottes.
Allerdings: diese Stimme treibt Jona in die Flucht. Wieso nur? Ist es denn nicht ein grosses Geschenk den Willen Gottes zu erkennen? Wie kann er da Gott davonlaufen? Wir müssen jedoch zugeben, dass wir in vielen Bereichen den Willen Gottes eigentlich sehr gut kennen und doch, genau wie Jona, davor flüchten. Z.B. haben wir die Bergpredigt mit dem Gebot der Feindesliebe. Aber was sagen wir nicht alles, um diesen Ruf von uns fern zu halten? Das geht doch nicht... Wo kämen wir da hin... Der andere macht es ja auch nicht, wieso dann ich... Wer sich darauf einlässt wird doch nur ausgenützt... u.s.w.
Gottes Ruf erschrickt Jona, weil er ihn mitten in den Kampf gegen die Ungerechtigkeit hineinstellt. Aber nur so kann wahrer innerer und äusserer Friede wachsen. Das aber verstehen Jona - und oft genug auch wir - nicht. Darum brauchen wir immer wieder die Erinnerung daran, dass Gottes Ruf durchaus auf Frieden aus ist, aber durch Konflikte hindurch und nicht an ihnen vorbei.
Sein Leben wird zur Flucht und beeinträchtigt seine Mitwelt: Menschen und Natur. Weil Jona nur seinen Frieden will, weicht er den Konflikten aus und damit auch seiner Bestimmung. Er sucht den Frieden in der Flucht. Nun sind wir gewohnt, uns damit zu rechtfertigen, dass die Wahl unseres Weges, auch wenn es ein Fluchtweg ist, ein persönlicher Entscheid ist, mit Folgen, die wir auch persönlich zu tragen haben. Die Jonageschichte aber eröffnet uns die ungeahnte Weite unseres Tuns:

Nicht nur die menschlichen Beziehungen leiden unter unserer Flucht, sogar die Natur reagiert und gerät aus dem Gleichgewicht. Ein Sturm entsteht und gefährdet Schiff und Mannschaft. Unser Tun hat weitreichendere Folgen als wir ahnen. Das ist so, weil wir eben Teil dieser Schöpfung sind, darin eingewoben und mitverantwortlich. Jemand hat dieses verwoben Sein mit folgendem Bild ausgedrückt: Wenn ein Schmetterling in Südamerika mit den Flügeln schlägt, regnet es in Europa. Wo wir uns gegen unsere innere Stimme richten, richten wir uns letztlich gegen alles Leben, selbst wenn unser kleines Ego davon zu profitieren scheint. Mein Leben ist mir heilig, sagen wir manchmal. Das stimmt, weil es Teil allen Lebens ist. Und weil wir nach dem Bild dessen geschaffen sind, der selber heilig ist.
Im Bauch des Fisches lernt Jona nun, auf seine innere Stimme zu hören. Im Bauch des Fisches, da wo Jona nicht mehr flüchten kann, da wo er gezwungen wird, alles eigene Wollen loszulassen, sein Leben loszulassen, da findet er zu sich selbst zurück, zu seiner inneren Stimme, zu seiner Berufung, zu seiner Beziehung zu Gott. Jesus redet vom Zeichen des Jona, das uns Menschen gegeben ist, und er weist darin auf seinen eigenen Weg hin: Auch Jesus erfährt in der völligen Preisgabe seines Lebens am Kreuz, dass das wahre Leben mehr ist, als das, was wir krampfhaft festzuhalten versuchen. Im Gegenteil: Wer sein Leben zu erhalten versucht, wird es verlieren, wer sein Leben aber verliert, der wird es finden, sagt Jesus im meist zitierten Wort des Neuen Testamentes. Das gilt nicht nur im Moment unseres Todes, sondern in jedem Moment unseres Lebens. Für unsere Art zu denken bleibt das ein unlösbarer Widerspruch. Wir reden davon, das Leben in die Hand zu nehmen, es anzupacken. Jesus redet vom Loslassen. Aber nicht das Nachdenken darüber, sondern die Erfahrung dieser Wirklichkeit, dass gerade das Loslassen zum Leben führt, wird uns in vielen kleinen Schritten von unserm zugreifenden Ego hin zu unserm wahren Wesen führen. Das Sein im Bauch des Fisches, das ist ein Bild für das Sein in der Tiefe unseres Wesens. Dort entdecken wir, wer wir wirklich sind. Dort lernen wir, in Übereinstimmung mit unserer Berufung zu leben. Dort findet auch Jona zurück zu seiner Berufung. Wir müssen aber nicht warten, bis wir in so eine Not wie Jona kommen, um unsere Berufung zu entdecken. Immer wieder hört man: Es geht uns zu gut. Wenn wieder einmal schlechte Zeiten kommen, ersteht auch der Glaube wieder. Aber Not lehrt nicht nur beten. Not lehrt auch fluchen und Krieg anzetteln und Verrat und Hamsterei.
Trotzdem gibt es jetzt und hier menschenmögliche Wege, die in die Tiefe führen. Wir haben das grosse Privileg, dass uns unterschiedliche Wege zur Verfügung stehen, die uns in die Tiefe unseres eigenen Seins und der Gegenwart Gottes begleiten, resp. uns diese bewusst machen. Ich meine die verschiedenen Wege der Meditation. Auf diesen Wegen geht es darum, mit viel Geduld und Entschlossenheit unsere Gedanken

und Bilder des Lebens loszulassen, um dem Leben so zu begegnen, wie es ist. Und es nicht auf das zu beschränken, was wir von ihm durch die Brille unserer Prägungen und Meinungen sehen. Wege in die Stille helfen uns, uns so zu begegnen, wie wir sind und Gott zu begegnen, so wie er ist.

Von der Weltsicht Jonas zur Wahrheit der umfassenden Wirklichkeit Gottes. Dass es mit dem einmaligen Sitzen im Bauch des Fisches nicht getan ist, wird am weiteren Weg von Jona deutlich. Zwar findet er zu neuer Lebensenergie, folgt dem Ruf seiner inneren Stimme mit grosser Klarheit und geht nach Ninive. Er hat nun zwar keine Angst mehr vor den Konflikten, in die ihn sein Einsatz für Frieden und Gerechtigkeit führen. Aber schon hält er wieder fest an dem, was er erkannt hat: Nämlich, dass die Ungerechtigkeit der Menschen ausweglos in die Vernichtung führt. Indem er sich an diese Wahrheit klammert, kann er sich nicht freuen an dem, was tatsächlich geschieht: Dass nämlich die Menschen umkehren und dass Gott sich daran freut. Anstatt dass Jona sich mitfreut über das, was - nicht zuletzt durch ihn - gelungen ist, sind seine letzten Worte: Mir ist das Leben verleidet! Allein diese Reaktion macht deutlich, wie tief der Wurm nicht nur in der Rhizinusstaude sitzt, sondern auch im Herzen von Jona. Wie unheimlich schwer tun wir uns mit der Wirklichkeit von Mensch und Gott. Wie viel lieber halten wir fest an einmal gemachten Erfahrungen und Bildern, in die wir uns und andere einsperren. Allerdings lässt sich Gott auch von dieser Reaktion nicht verbittern. Nicht ohne Humor reagiert er auf Jonas Sturheit. Er lässt einen Baum wachsen, der ihm Schatten spendet, schickt dann aber einen Wurm, der den Baum absterben lässt, was Jona in eine neue Lebenskrise stürzt. Und Gott sagt: Du klagst über den Verlust eines Baumes, der dir ein bisschen Schatten spendet und den du nicht einmal selbst gepflanzt hast. Und ich sollte einfach mitansehen, wie 120'000 Menschen samt ihrem Vieh zu Grunde gehen? Menschen und Tiere, die ich gern habe!

Mit dieser Frage endet die Geschichte. Wir kennen Jonas Antwort nicht, wissen nicht, ob er erneut flüchtet oder sich weiten lässt zur Wirklichkeit Gottes. Vielleicht ist dieser offene Schluss ein Hinweis auf unsere eigene Aufgabe: Was Jona tut, wissen wir nicht, aber was wir tun, das sollten wir wissen.

Mth. 5, 43-48 Näher als alles, was uns nahe ist, weiter als alles, was uns zu weit geht: Die Liebe!

„Ihr habt gehört, dass gesagt ist: Du sollst deinen Nächsten lieben und deinen Feind hassen. Ich aber sage euch: Liebet eure Feinde und bittet für die, welche euch verfolgen, damit ihr Söhne eures Vaters in den Himmeln seid! Denn er lässt die Sonne aufgehen über Böse und Gute und lässt regnen über Gerechte und Ungerechte. Denn wenn ihr nur die liebt, die euch lieben, was habt ihr für einen Lohn? Tun nicht auch die Zöllner dasselbe? Und wenn ihr nur eure Brüder grüsst, was tut ihr Besonderes? Tun nicht auch die Heiden dasselbe? Ihr nun sollt vollkommen sein, wie euer himmlischer Vater vollkommen ist."

Vor nun schon einigen Jahren hat mich das Zusammentreffen zweier extremer Ereignisse sehr bewegt. Zum Einen sind es die Ereignisse um Carla Faye Tucker, einer Frau, die vor vielen Jahren einen Doppelmord begangen hatte und deshalb nach amerikanischem Recht zum Tod verurteilt wurde. Sie hat zwar über die Jahre hinweg im Gefängnis eine tiefgreifende Verwandlung ihres Lebens erfahren und lebte und engagierte sich als Christin in verschiedenen Projekten. Dennoch wurde sie hingerichtet.
Zum andern ist es die Erinnerung an Mahatma Gandhi, den grossen Mann des gewaltlosen Widerstandes, der vor nun bald 70 Jahren ermordet wurde.
In beiden Schicksalen leuchtet etwas von der Finsternis auf, die zuweilen unsere Herzen regiert. Beide Menschen weisen uns aber auch auf die ungeahnten Gaben hin, die in uns Menschen verborgen sind.
Eine der grössten Gaben, die uns Menschen anvertraut ist, ist die Kraft, Vergebung anzunehmen, um dann selber zu vergeben. Es ist die Kraft, die Menschen wieder in die Gemeinschaft zurückholt. Wo Vergebung verweigert wird, ist Leben nicht möglich. Das ist ganz deutlich im Fall dieser Frau. Ihr wurde zwar nicht die Chance genommen, sich zu bewähren. Nein, sie hatte nach der Verurteilung 15 Jahre Zeit, sich zu bewähren, und sie hat es getan. Was aber schliesslich zählte, war nicht ihr jetziges Leben, sondern ihre Vergangenheit. Und was wahrscheinlich auch zählte, war die politische Karriere jenes Mannes, der es in der Hand gehabt hätte, eine Begnadigung auszusprechen. Stellen sie sich einmal vor, ihr Leben oder das Leben ihres Kindes würde einfach gemessen an seinem schlimmsten Tag. Wie es dazu kam und was danach war, hätte überhaupt keine Bedeutung. Ihr Leben würde reduziert auf einen Fehltritt. Nach dem Motto: Nenne mir deine schlimmste Tat, und ich sage dir, wer du bist (und bleibst).
Von mir aus gesehen zeigt uns dieser Fall die Abgründigkeit von uns Menschen. Sie wird sichtbar nicht nur im Verbrechen, das diese Frau begangen hat, sondern auch in der Art, wie mit ihr umgegangen wurde.

Vergebung um keinen Preis. Rache im Namen des Gesetzes an einem Menschen, den es eigentlich schon nicht mehr gibt, weil sie sich dermassen gewandelt hat. Die Todesstrafe ist nicht weniger brutal als das Verbrechen selber. Der bekannte Schriftsteller Dostojewski war selbst Opfer einer Scheinexekution geworden, blieb ein Leben lang davon traumatisiert und kämpfte aus dieser Erfahrung heraus gegen die Todesstrafe an.
Wie anders tönen uns da Worte und Leben von Mahatma Gandhi entgegen. Einmal, als gewaltsame Konflikte zwischen Muslim und Hindus herrschten, entschied er sich dazu, zu fasten, bis die Konflikte ein Ende nähmen. In der Folge kamen Hindus zu ihm, wollten sich rechtfertigen und berichteten von den Greueltaten der Moslem und dass sie sich doch dagegen wehren müssten. Darunter war ein Hinduvater, dessen Kind getötet worden war. Gandhi antwortete diesem gläubigen Hindu: Wenn du Frieden finden willst, dann geh und suche einen muslimischen Jungen, der im Alter deines eigenen Sohnes ist, und dessen Eltern in diesem Konflikt ermordet worden sind. Nimm ihn bei dir auf und erziehe ihn - als Muslim.
Wie schwer tun wir Menschen uns mit solchen Ansichten. Das zeigt sich daran, dass Gandhi, wie auch Jesus, für ihr Festhalten an der Liebe, sterben mussten, weil wir Menschen immer wieder festhalten an dem Hass, der in uns ist.
Dass es diesen dunklen Trieb in uns gibt, der Böses tut, gleichzeitig aber so schlecht das Böse der andern vergeben kann, das weiss jeder Mensch von uns, der sich auch nur einigermassen kennt.
Dass in uns allen aber auch diese Kraft liegt, die selbst in den unmenschlichsten Situationen zu Lieben und zu vergeben vermag, das ahnen und glauben wir kaum. Irgendwie ist es wohl auch bequemer, sich mit der Boshaftigkeit des menschlichen Herzens abzufinden, auch des eigenen.
Wir brauchen das Evangelium. Aber nicht um uns zu zeigen, wie schlecht wir sind, sondern um uns zu zeigen, wie gut wir sein können. Das Evangelium spricht es mit aller Deutlichkeit aus: Die Kraft, die aus erfahrener und gewährter Vergebung erwächst, ist das Herzstück unseres menschlichen Lebens. Hoffentlich werden wir nie so schwere Situationen zu bestehen haben, in denen wir Menschen verzeihen müssen, die einen von uns geliebten Menschen getötet haben.
Aber ist nicht schon die Verweigerung zum Gespräch, oder der Abbruch eines Kontaktes oder das Festhalten an einem Fehler, den jemand vor langer Zeit einmal gemacht hat, sind das alles nicht schon wie Anfänge von Todesurteilen, die wir über Menschen fällen?
Zur Vollkommenheit, wir dürfen auch übersetzen, zur Ganzheit von uns Menschen, gehört es, dass wir es lernen und einüben, zu vergeben, ohne uns einfach von unsern Gefühlen und Ansichten fortschwemmen zu lassen. Zu vergeben, das ist ein Auftrag ja ein Gebot von Jesus, das

nicht einfach mit unsern Gefühlen stehen und fallen darf. Ohne Vergebung ist keine menschliche Gemeinschaft möglich. Ohne Vergebung hätten wir als Menschheit keine Chance.

Die Worte der Bergpredigt sind nicht einfach Gebote oder Forderungen. Wir dürfen sie hören als Ermutigung und Ermächtigung, das, was in uns angelegt ist, wahr werden zu lassen!

Mk. 1, 12-13 Verzicht ist nicht gleich Verlust

„Und alsbald treibt ihn der Geist in die Wüste hinaus. Und er wurde in der Wüste vierzig Tage vom Satan versucht.; und er war bei den Tieren, und die Engel dienten ihm."

Die Fastenzeit beginnt mit dem Aschermittwoch. Und am 1. Fastensonntag wird in der Kirche oft die Geschichte gelesen, in der Jesus vom Teufel 40 Tage lang in der Wüste versucht wird. Markus fasst sie in zwei bedeutungsvollen Sätzen zusammen. Der erste sprengt jene Art des Glaubens, die uns locken will mit dem Versprechen: Glaube nur und alles wird gut werden. Ausgerechnet derjenige, auf den der Geist Gottes herabkommt, wird in die Wüste hinausgetrieben. Gott nahe sein, heisst also nicht, in einen festen Panzer gehüllt zu werden. Vielmehr treibt der Geist Gottes Jesus in die Schutzlosigkeit hinein. Hinein, in die Wüste, wo sich der Mensch vor nichts und niemandem verstecken kann, sondern ganz sich selbst und der Wildnis ausgesetzt ist.
Das scheint zunächst einmal das Gegenteil von dem zu sein, was wir vom Glauben an Gott erwarten. Oder ist es nicht so, dass wir uns vom Glauben Schutz und Geborgenheit erhoffen? Und lädt uns die Bibel nicht in vielen wunderbaren Texten dazu ein, Gott bedingungslos zu vertrauen:
„Wer unter dem Schirm des Höchsten wohnt, wer im Schatten des Allmächtigen ruht, der darf sprechen zum Herrn, meine Zuflucht, meine Feste, mein Gott auf den ich vertraue! ... Du brauchst dich nicht zu fürchten vor dem Schrecken der Nacht, noch vor dem Pfeil, der am Tage fliegt, nicht vor der Pest, die im Finstern einhergeht, noch vor der Seuche, die am Mittag verwüstet. Ob tausend fallen an deiner Seite, zehntausend zu deiner Rechten, dich trifft es nicht." Ps 91

Unzählige Menschen, haben sich auf diese Worte verlassen: Märtyrer der ersten Jahrhunderte vertrauten diesen Worten. Junge russische Soldaten im 1.WK hatten sich diese Worte auf den Leib geschrieben. Und sie alle sind trotzdem gestorben. Es hat nicht gestimmt, was der Psalm versprochen hat: „Es wird dir kein Unheil begegnen, keine Plage deinem Haus sich nahen."
Oder vielleicht doch?
Es hat gestimmt und stimmt auch für uns auf die Weise, wie es auch bei Jesus gestimmt hat. Auch ihm wurde keine menschliche Not erspart, auch er wurde vom Tod gepackt.
Aber in all dem und durch all dies hindurch, hält er fest an der Liebe Gottes, der niemals menschliches Leiden und Elend will. Und die Menschen der Bibel bezeugen es mit der Botschaft der Auferstehung: Letztlich sind wir geborgen in einer Liebe, die all unser Verstehen weit übersteigt.

Wir sehnen uns zwar alle nach Auferstehung, aber wohl sie immer wieder als Auferstehung an Kreuz und Tod vorbei. Jesus aber hat die letzte Geborgenheit erfahren durch Kreuz und Tod hindurch.
Schon im Leben versuchen wir, uns an allen möglichen Nöten vorbei zu manövrieren, uns gegen alles mögliche Unglück abzuschirmen. Um das zu können, müssen wir natürlich ganz genau wissen, was Glück und was Unglück ist. Das Urteil, was Glück und was Unglück ist, lassen wir uns von der Gesellschaft geben. Bei uns gilt, wohl etwas salopp gesagt, als glücklich, wer reich, jung, gesund und schön ist. Sind solche oder andere Kriterien einmal festgelegt, beurteilen wir die Ereignisse unseres Lebens danach.
Aber, ehrlich gefragt, lassen sich die Ereignisse unseres Lebens immer so deutlich einordnen in Glück und Unglück? Und stellt nicht die Versuchungsgeschichte und das Schicksal Jesu unsere Sicht eines geglückten und missglückten Lebens völlig auf den Kopf?
Leben ist im Letzten nicht einfach gut oder schlecht. Das Leben ist. Leben geschieht. Und wir sind mitten hineingestellt und sollen lernen mit dem umzugehen, was auf uns zukommt.
Der Glaube kann uns helfen, zu erfahren, dass weder Glück noch Unglück uns von der Liebe und vom Leben Gottes trennen kann. Das gibt uns Gelassenheit. Nicht Gleichgültigkeit, sondern Gelassenheit und damit den Mut, sich auf das einzulassen, was kommt. Jesus hat sich auf die Wüste eingelassen, wurde darin 40 Tage lang versucht. Im 2. Satz heisst es dann: Und er war bei den Tieren, und die Engel dienten ihm. Mit andern Worten: Mitten in der Wüste der Versuchung kommt es zur Versöhnung zwischen Mensch und Tier, zwischen Mensch und Engel, d.h. zwischen Himmel und Erde. Die Wüste wird zum Ort des wiederkehrenden Paradieses. Und zwar gerade dadurch, dass Jesus sich auf diese schwierige Situation eingelassen und ihr - im Bild der 40 Tage - geduldig Stand gehalten hat.
Ich möchte sie dazu einladen, verzichten und loslassen nicht vor allem als einschränkende Qualitäten zu verstehen, sondern im Sinne Jesu gerade als Weigerung, sich vorschnell zu verschliessen und offen zu bleiben für das Leben selbst. Sie werden bald in den nächsten Tag hinein gehen, ihrem nächsten Ereignis entgegen. Wartet etwas Gutes auf sie? Vielleicht! Oder etwas Schwieriges? Vielleicht! Das Leben Gottes aber ist da, unabhängig von den Umständen, in jedem Augenblick. Versuchen sie doch einmal, wenn sie heute Türen öffnen, sich dabei bewusst dem Leben zu öffnen!

Joh. 20, 19-23 Oft eingeschlossen aber nie getrennt

„Als es nun am ersten Tag der Woche Abend war und dort, wo die Jünger sich aufhielten, die Türen aus Furcht vor den Juden verschlossen waren, kam Jesus und trat in ihre Mitte; und er sagte zu ihnen: Friede sei mit euch! Und als er dies gesagt hatte, zeigt er ihnen die Hände wie auch die Seite. Da wurden die Jünger froh, als sie den Herrn sahen. Jesus sprach nun wiederum zu ihnen: Friede sei mit euch! Wie mich der Vater gesandt hat, sende auch ich euch. Und nachdem er dies gesagt hatte, hauchte er sie an und sagte zu ihnen: Empfanget den heiligen Geist! Wenn ihr jemandem die Sünden vergebt, sind sie ihm vergeben; wenn ihr sie jemandem nicht vergebt, sind sie ihm nicht vergeben."

Obwohl den Jüngern verkündigt worden ist, dass Jesus lebt, haben sie Angst. Und in dieser Angst halten sie ihre Türen verschlossen. Eine Türe zuschliessen zu können, gibt uns ein beruhigendes Gefühl von Sicherheit. Aber die Angst werden wir dadurch oft nicht los.
Auch heute werden immer mehr Türen verschlossen. Viele aus Angst, andere aus Verbitterung, aus Enttäuschung, aus Einsamkeit, aus Hochmut. Damit können wir zwar andere Menschen ausschliessen, unsere Gefühle und unsere Erfahrungen diesen Menschen gegenüber schliessen wir aber mit uns ein. Sie bleiben bei uns. Wir werden sie nicht los. Darum kann es letztlich hinter verschlossenen Türen keinen wirklichen Frieden geben. Der Friede hinter verschlossenen Türen beginnt zu faulen und zu stinken.
Mitten in diese Not hinein tritt Jesus. Er hat nicht angeklopft. Es heisst nirgends, dass eine Türe aufgemacht worden wäre. Er ist einfach da, als wäre er nie weg gewesen. Ich will nicht fragen wie das möglich gewesen ist, ich will es annehmen als eine Erfahrung, die diese Menschen offensichtlich gemacht haben. Und diese Erfahrung heisst: Unsere Angst und Verbitterung, unsere Enttäuschung und Einsamkeit, unsere tiefste Verschlossenheit - was immer wir für Gefühle mit uns herumtragen - sie sind kein Hinderungsgrund für die Gegenwart Jesu in unserm Leben. Darum heisst sein erstes Wort: Friede sei mit euch!
Wieso? Weil Jesus selbst die schweren Seiten des Menschseins bis zum Abgrund hin erfahren und erlitten hat. Jesus zeigt den Jüngern seine Lebenswunden. Da werden die Jünger froh. Sie merken: Da hält einer zu ihnen, der um die schweren Seiten des Lebens weiss. Er verurteilt ihre Gefühle nicht. Er lässt ihnen Raum. Er ruft sie zunächst auch nicht heraus aus ihrer Angst, aber er spricht seinen Frieden hinein in ihre verschlossene Situation. Ohne dass sie auch nur einen Schritt aus ihrer Haltung heraus treten, wird ihnen der Friede Gottes zugesprochen. Vielen Menschen genügt diese Art des Friedens: Sie wissen Jesus auf ihrer Seite, das genügt doch, was will man mehr?

Dann aber wiederholt Jesus genau dieselben Worte: Noch einmal spricht er ihnen den Frieden zu. Es ist, als ob dieser innere Friede noch nicht komplett sei, als habe der Friede auch eine äussere Seite. Und die heisst: Wie mich der Vater gesandt hat, sende auch ich euch. Und dann haucht er sie an und sagt: Empfanget den Heiligen Geist! Damit weckt er die verängstigten Jünger zu neuem Leben. In die starre Verschlossenheit haucht Jesus neues Leben. Mit diesem Anhauchen erinnert Jesus an den Anfang der Bibel, als Gott den Menschen schuf: Da bildete Gott der Herr den Menschen aus Erde vom Ackerboden und hauchte ihm Lebensatem in die Nase. So wurde der Mensch ein lebendiges Wesen.
Versuchen sie sich das einmal ganz bildlich vorzustellen: Mit jedem Atemzug haucht uns Gott seinen Lebensatem ein. So wird plötzlich das Einatmen, das wir so stark als unser Tun empfinden, zu einem Geschenk Gottes. Wenn wir erschrecken oder Angst bekommen ringen wir ganz spontan nach Luft. Wir ringen nach Leben, schnappen nach Luft, als ob wir das Leben so in den Griff bekommen könnten. Nach biblischem Verständnis ist das Einatmen aber Gabe Gottes und das Ausatmen Antwort des Menschen auf dieses Geschenk. Im Ausatmen sprechen, singen, weinen wir.
Also, das wonach wir so sehr ringen: Das Leben, der Friede, das müssen wir nicht in uns hineinziehen und es mit uns hinter verschlossenen Türen einsperren, sondern das will uns Gott schenken. Von Aussen in uns hinein.
Unsere Gabe ist das Ausatmen, das ausströmen Lassen von Gottes Gabe, das Herausgehen aus unserer Verschlossenheit. Von Innen nach Aussen. Dazu passt es schlecht, wenn wir unsere Türen verschliessen. Und Wozu sollen wir unsere Türen öffnen? Um Miteinander Vergebung zu lernen und zu leben: Wem ihr die Sünden vergebt, dem sind sie vergeben, wenn ihr sie jemandem nicht vergebt, sind sie ihm nicht vergeben.
Und was heisst Vergebung in dieser Geschichte? Zu vergeben bedeutet hier, wie Jesus sich mitten in die Verschlossenheit unserer Ängste, Enttäuschungen und Verbitterungen hineinstellen und ihnen den Frieden zusprechen. Beziehung suchen zu all dem, was sich verschliessen will. Beziehungen knüpfen zu all jenen, die sich nicht selbst verschliessen, sondern von unserer Gesellschaft ausgeschlossen werden. Frieden stiften heisst: Beziehung schaffen, genau so, wie Jesus Beziehung schafft. Frieden stiften heisst geradezu, in Beziehung zu leben. Von daher erschrecke ich auch, wenn ich sehe, wie schnell wir heute bereit sind, Beziehungen abzubrechen. Auch in der Kirche: Da taucht irgend etwas auf, was uns nicht passt und schon wird mit Kirchenaustritt gedroht. Jesus tritt nicht aus, aus dem Club der Jünger, die ihn im Stich gelassen haben. Er tritt zu ihnen. Er konfrontiert sie mit seinen Wunden. Er zeigt uns seine Wunden. Und da beginnen sie zu begreifen. Wir zeigen

lieber auf die Wunden anderer. Unsere eigenen Verletzungen verstecken wir.
Der Weg zum Frieden führt hier über die Begegnung mit Jesus, über die Betrachtung seiner Liebe und seines Weges, den er gegangen ist. Der Weg zum Frieden führt, damit verbunden, zur Begegnung mit unsern Verletzungen und mit den Menschen, die wir verletzt und die uns verletzt haben. Wer den Frieden allein in dem sucht, was uns vertraut ist, im so genannt Normalen, in dem, was wir uns gewohnt sind, der landet in der Verschlossenheit. Zum Glück wird uns sogar dort noch der Friede zugesprochen und ermächtigt uns, aus unserer Verschlossenheit heraus zu treten.

Lk. 13, 10-17 Kopf hoch, auch wenn der Rücken krumm sein sollte!

„Am Sabbat lehrte Jesus in einer Synagoge. An dem Gottesdienst nahm auch eine Frau teil, die seit achtzehn Jahren schwer behindert war und sich nicht mehr aufrichten konnte. Als Jesus sie sah, rief er sie zu sich: Frau, du sollst von deinem Leiden erlöst sein! Segnend legte er seine Hände auf sie. Da richtete sie sich auf und dankte Gott von ganzem Herzen. Aber der Vorsteher der Synagoge entrüstete sich darüber, dass Jesus die Frau am Sabbat geheilt hatte. Die Woche hat sechs Arbeitstage. An denen könnt ihr kommen und euch heilen lassen, aber nicht ausgerechnet am Sabbat, ereiferte er sich. Doch Jesus erwiderte ihm: «Ihr Heuchler! Ihr bindet doch eure Ochsen und Esel auch am Sabbat los und führt sie zur Tränke. Und mir verbietet ihr, diese Frau am Sabbat aus der Knechtschaft Satans zu befreien! Achtzehn Jahre lang war sie krank. Gehört sie nicht auch zu Gottes auserwähltem Volk?» Darauf konnten seine Feinde nichts erwidern. Aber alle anderen freuten sich über die wunderbaren Taten Jesu."

Stellen sie sich vor, wir sässen in der Kirche und der Pfarrer würde sie dazu einladen das Lied „Es gibt kein Bier auf Hawai…" zu singen.
Ich lade sie ein, einen Moment lang in sich hineinzuhorchen. Was geht jetzt in ihnen vor? Wie reagieren sie innerlich? Mit Staunen, mit Empörung? Ärger?
Glaube und Gottesdienst verbinden wir ja meistens mit dem, was uns vertraut ist. Wir haben bestimmte Erwartungen daran. Werden sie erfüllt, ist alles in Ordnung. Werden sie nicht erfüllt, reagieren wir normalerweise spontan so, dass wir zuerst die andern in Frage stellen. Nach dem Motto: Es gibt nur zwei Meinungen: Die falsche und meine eigene. In unserm Bsp., dass wir z.B. sagen: Aber das gehört sich doch nicht, dass man so ein Schunkellied in der Kirche singt. In diesem Fall würde ich ihnen recht geben. Es wäre wirklich seltsam, so unvermittelt ein solches Lied zu singen.
Aber wie steht es denn mit Jesus? Er rüttelt ja ganz massiv an dem, was den Menschen von damals vertraut war. Und tatsächlich reagieren viele genau so wie wir vorher. Was macht denn der da? Das gehört sich doch nicht. Der kann doch nicht einfach so in der Synagoge eine Frau berühren. Frauen haben zu der Synagoge keinen Zutritt. Und dann macht der das erst noch am Sabbat. Laut Gottes Gesetz darf am Sabbat nichts getan werden. Auch Jesus ist den meisten Menschen zu weit gegangen. Und er musste dafür mit dem Leben bezahlen.
Nun überschreitet aber Jesus nicht einfach Grenzen, um die Leute zu ärgern. Vielmehr will er die Liebe Gottes zu dieser Welt leben. Und damit diese Liebe Platz bekommt, muss Jesus unsere engen Grenzen weiten. Werden wir es zulassen, dass er an unsere Grenzen rührt, oder werden wir uns nur umso stärker hinter ihnen verbarrikadieren? Das Evangelium lädt uns immer wieder ein, mindestens zu versuchen, die Welt mit

den Augen der Liebe Gottes zu sehen und mit der Herzensliebe Gottes in diese Welt hineinzuhorchen.
Von dieser Liebe sagt Paulus, dass sie nie aufhöre, auch bei dem nicht, was die Bibel mit dem letzten Gericht beschreibt. Ich vermute, dass wir oft meinen: Gott liebt uns zwar wahnsinnig, aber wenn das Gericht kommt, dann hat seine Liebe ein Ende. Dann richtet er. Dass das Gericht Ausdruck seiner Liebe sein wird, das können wir uns kaum vorstellen. Und noch weniger können wir uns vorstellen, wie das aussehen könnte. Das müssen wir auch nicht. Dafür wird er schon selber sorgen! Unsere Aufgabe ist es vielmehr, hier in unserem Leben und auf dieser Erde für seine Liebe Raum zu schaffen. Und Jesus zeigt uns an der Heilung der verkrümmten Frau, wie das geschehen kann.
Da trifft Jesus auf eine Frau, deren seelisches Leid über 18 Jahre hinweg ihren Körper verkrümmt hat. Immer deutlicher entdecken auch wir, wie sehr sich seelische Konflikte in körperlichen Leiden niederschlagen, wenn wir sie nicht verarbeiten können. Z.B. kann ein Krebsleiden - nebst vielen anderen und bei Weitem nicht immer klärbaren Ursachen - auch damit zusammen hängen, dass ein Mensch seine Probleme so sehr in sich hineinfressen kann, dass er am Ende von ihnen buchstäblich aufgefressen wird. Indem nun Jesus diese Frau zu sich ruft, ruft er sie auch vor die Augen aller andern. D.h. er macht ihr Leiden für alle sichtbar. Das ist ein heikler Moment, denn es mag scheinen, als stelle er die Frau vor allen bloss. Aber das tut er nicht, im Gegenteil: Er lässt die leidende Frau ganz nahe an sich heran, ja er berührt sie. Blossstellung hätte mit Abstand nehmen zu tun, Jesus aber sieht sie als ein Glied des Volkes Gottes an und spricht ihr einen Ehrentitel zu: Tochter Abrahams nennt er sie.

Ich denke, dass das immer wieder der erste Schritt zur Heilung sein wird: Fremdes und eigenes Leiden an sich heranzulassen, ihm nicht auszuweichen, sondern mit ihm in Kontakt zu treten und es sogar zu umarmen. Die Frau lässt es geschehen, dass jemand an ihr Leid rührt, selbst nach 18 Jahren. Und auf diese Nähe Jesu hin richtet sich diese verkrümmte und verbogene Frau auf und wird zu einem aufrechten Menschen. Nach 18 Jahren. Jesus gibt keinen Menschen auf. Für ihn gibt es keinen hoffnungslosen Fall. Wieso? Weil er um die Unzerstörbarkeit unseres wahren Wesens weiss! Und was ist unser wahres Wesen? Dass wir von Gott berührte, aufrechte Wesen sind. Jesus macht die Frau zu dem, was sie im Grunde immer schon war und was jedes von uns in seinem Wesen ist: Ein von Gott geliebter Mensch, der in Würde und aufrecht im Leben stehen kann. Die Geschichte macht Mut: Das Volk spürt etwas davon. Es gibt nicht nur jene, die in ihrem Misstrauen steckenbleiben. Es gibt auch jene, die sich mit Jesus freuen können.

Wie können wir zu unserem ursprünglichen Wesen zurückzufinden, durch alle Verkrümmungen hindurch, die sich im Laufe unseres Lebens angesammelt haben?

Misstrauen sie ihren Vorstellungen und Erfahrungen von dem, was sie sind. Misstrauen sie dem, wozu andere sie machen wollen. Und machen sie sich auf den Weg, selber zu entdecken und zu erfahren, wer sie sind. Und ich sage ihnen: Das ist eine menschenmögliche Erfahrung. Wir denken viel zu eng von uns. Wir geben uns zufrieden mit einer Karikatur von uns selbst. Wir sehen unsere Verkrümmungen als unser wahres Wesen an und trösten uns damit, dass wir sagen: Wenigstens bin ich nicht so wie der und die. Es gibt andere, die sind noch viel schlimmer dran als ich.

Vielleicht wagen sie es, einfach einmal ganz bewusst aufrecht und gerade hin zu stehen (so gerade, wie es Ihnen in diesem Augenblick möglich ist) und sich ihrer vollen Grösse bewusst zu werden. Die Augen zu schliessen und sich zu sagen: So aufrecht darf ich durchs Leben gehen. Nichts muss ich verstecken. Zu meiner ganzen Grösse darf ich stehen!

Psalm 63 Unsere Sehnsucht: Gottes Sehnsucht in uns

„Gott, du bist mein Gott, dich suche ich!“

Dieser eine, kurze Satz ist wie eine Zusammenfassung für das, was letztlich unser Leben antreibt. Er stammt von David, der sich, von Saul verfolgt, in die Einsamkeit der Wüste zurückzieht. In Grenzsituationen unseres Lebens konzentrieren wir uns auf das Wesentliche.
Für David ist Gott das Wesentliche seines Lebens. Darum wird er ihm wichtig. Für ganz viele Menschen und Menschengruppen ist die Angst das Wesentliche. Darum bestimmt sie oft solche Grenzsituationen, mit all ihren Folgen: Zu allererst Gewalt, Hass und Verzweiflung.

Was für ein Gott aber wird in Davids Anruf sichtbar?

Mit dem einen Wort „Gott“ ruft er ihn an als den Grossen, den Starken, den Schöpfer.
Schon im zweiten Wort aber wird deutlich, dass dieser Gott nicht irgendwo in einem fernen Himmel thront: „Du“ sagt David zu ihm. Ein Wort, das uns wie selbstverständlich von den Lippen kommt. Und er knüpft die Beziehung noch enger, wenn er fortfährt: Du bist mein Gott! Auch diese Worte gehen uns wahrscheinlich recht einfach über die Lippen. Wir haben mehr Mühe, wenn mein Gott auch noch der Gott anderer Menschen sein soll, und womöglich gerade jener, die uns gegen den Strich gehen und glauben.
Vielleicht aber, wenn wir wie David erkennen, wie sehr sich Gott auf unser persönlichstes Leben eingelassen hat, wie sehr er sich uns verbunden hat, dann ahnen wir, dass seine Liebe auch vor andern Menschen nicht einfach Halt machen kann, ja dass er die ganze Schöpfung umarmt?
„Wer mich sieht, sieht den Vater“, konnte Jesus sagen und er hat dafür nicht nur Applaus geerntet. Was aber ist das anderes als ein Bekenntnis, dass Gott sich dieser Schöpfung aufs Innigste verbunden hat? Diesen Gott sucht David, diesen Gott, der ihm eigentlich so nahe ist, dass jedes Suchen uns von ihm entfernt.
David vergleicht sich mit dürrem, lechzendem Land ohne Wasser. Kennen sie den Anblick solchen Bodens? In Portugal habe ich eine Ahnung davon bekommen, wenn es jeweils während sechs Monaten nicht mehr geregnet hat. Der Boden wird hart, reisst auf, weil sich die Erde zusammenzieht. Das geschieht, weil es nicht regnet.
So könnte man jetzt folgern, die Sehnsucht Davids nach Gott sei so gross, weil Gott abwesend sei, wie der Regen in den Sommermonaten in Portugal. Und wie der Mangel an Regen die Trockenheit provoziere, so sei der Mangel an Gott der Ursprung von Davids Sehnsucht!

Genau das Gegenteil ist der Fall. David betet: „So habe ich dich geschaut im Heiligtum, habe gesehen deine Macht und Herrlichkeit.“ Gerade weil er diesen Gott kennt aus den Schriften und ihn selbst erfahren hat, möchte er ganz eins sein mit ihm.
Die Sehnsucht nach Gott ist geradezu der Ausdruck davon, dass Gott sein Leben angerührt hat. Augustin hat einmal gesagt: „Wir würden dich nicht suchen, wenn du uns nicht schon gefunden hättest.“
Deine Gnade ist besser als das Leben, sagt David. Wir dürfen übersetzen: Gemeinschaft mit dir - denn das ist Gnade - ist besser als das, was wir Leben nennen.
Wie kommen wir zu so einer Sehnsucht wie sie in David brannte?
Die Antwort ist verblüffend einfach: In dem wir sie zulassen! In dem wir sie annehmen als prägende Kraft unseres Lebens. Sie ist da in jedem Moment unseres Lebens. Nur empfinden wir sie meistens als Mangel, als etwas, was wir möglichst schnell loswerden sollten. Wir haben Angst vor ihr.
Dabei wäre sie der Kompass, der uns direkt zur Quelle Gottes führt. Der Durst, den wir haben, beweist uns zwar noch nicht, dass es die Quelle gibt. Wir sind angewiesen auf die Begleitung und das Zeugnis anderer Menschen, die diese Erfahrung Gottes gemacht haben. Auch David war nicht alleine in der Wüste. In der Parallelstelle des 1. Sam. lesen wir nach, dass Jonathan ihn besuchte und ihm ein Ende seiner Wüstenzeit prophezeite.
David hat auch selbst gewusst, dass es Hilfen gibt, diesen Durst nicht einfach mit dem erst besten Wässerchen zu löschen. Er hält Ausschau nach der Quelle selbst: Nach Gott. Und zwar im Heiligtum. Für mich heisst das, dass es Orte gibt, die uns helfen zu beten, dass es Zeichen, Symbole, Bilder gibt, die uns helfen, diese Sehnsucht nach Gott wach zu halten. David hat, wie Jesus auch, in Nachtwachen mit ihm Gemeinschaft gesucht. Was hilft ihnen, diese Sehnsucht offen zu halten? Achten sie einmal darauf, was sie tun, wenn Sehnsucht (oft getarnt als Langeweile oder Unruhe) sich meldet: Lauf ich zum Kühlschrank? Stelle ich den Fernseher ein? Trinke ich ein Bierchen?

Haben wir keine Angst vor der Sehnsucht. Ich glaube ganz fest, dass es eine Unruhe und eine Unzufriedenheit in unserm Leben gibt, die von Gott selber stammt. Um noch einmal mit Augustinus zu reden: „Unruhig ist unser Herz, bis es ruhe findet in dir.“
Warten wir aber bitte nicht auf diese Ruhe bis nach dem Tod. Silesius warnt uns, wenn er sagt: „Du sprichst, du wirst Gott sehen und sein Licht. O Narr, du siehst ihn nie, siehst du ihn heute nicht.“
Lassen wir uns von solchen Worten noch einmal herausfordern zu einem lebendigen Glauben, der heute wirkt, oder verbannen wir Gottes Kraft und Gegenwart ins Jenseits? Lassen wir die Sehnsucht Gottes in

uns von ihm selber stillen oder füttern wir sie mit den Fast Food Angeboten unserer Werbewelt? „Gott, du bist mein Gott, dich suche ich.“ „Ich und der Vater sind eins“, diese Worte Jesu sollen unsere Worte werden. Diese Wahrheit darf unsere Wahrheit und Erfahrung werden: „Ich und der Vater sind eins.“

Joh. 3, 16 ff. Gottes Gericht richtet auf nicht hin

„So sehr hat Gott die Welt geliebt, dass er seinen einzigen Sohn gab, damit jeder, der an ihn glaubt, nicht verloren gehe, sondern ewiges Leben habe.“

Dieser Text spricht immer wieder vom Richten und gerichtet werden. Allerdings betont er ausdrücklich, dass Jesus gerade nicht gekommen ist, um die Welt zu richten, sondern sie zu retten. Dennoch ist unsere Welt voller Stimmen, die richten. Tagtäglich spielen auch wir uns zu Richtern auf, die über uns selbst und andere und über Gott zu Gericht sitzen. Darum wollen wir uns diese Gewohnheit näher anschauen.
Das Richten prägt praktisch jede unserer Handlungen. Zwei sich ergänzende Kräfte wirken darin.
Die eine Kraft könnte man umschreiben mit Verlangen. Es ist jene Kraft, die nicht zufrieden ist, mit dem, was im Moment da ist. Sie will mehr, sie will Besseres, Schöneres oder mindestens Anderes. Sie kann sich nicht anfreunden mit der Situation, wie sie ist. Sie hängt sich viel mehr an unsere Vorstellung, wie etwas sein sollte oder könnte. Sie klammert sich fest an Ideale, die sie erreichen möchte. Man könnte sagen: Das Verlangen will das, was es nicht hat, und es will das sein, was es nicht ist. Diese Kraft wirkt ganz besonders auch in unsern engsten Beziehungen. Da ist der Partner/die Partnerin, die nicht genau so ist, wie wir es uns vorstellen. Da sind wir selbst, die unsere Vorstellungen von uns nicht erfüllen können. Die ganze Entwicklung im Sport zeigt, wie unser Verlangen nach mehr zu immer unmenschlicheren Methoden führt. Und so rennen wir oft ein Leben lang hinter Vorstellungen, Erwartungen und Idealen her, ohne sie jemals einzuholen. Es ist wie beim Esel, dem man einen Futtersack vors Maul hängt: Er folgt zwar geduldig, ohne aber jemals essen zu können.
Also: Immer wieder wollen wir das, was nicht ist, und wollen wir von den andern, was sie nicht sind.
Damit verbunden ist nun die andere Kraft, die im Richten enthalten ist und in unsern Beziehungen wirkt. Es ist jene der Aversion, der Ablehnung von alldem, was da ist. Das, was uns gegeben ist, wollen wir nicht haben. Dem, was ist, setzen wir Widerstand entgegen. Und die Person, die wir sind, wollen wir nicht sein. Das, was wir sind, fällt uns oft schwer, anzunehmen. Auch von dieser Haltung sind wir zutiefst geprägt. Fast jede Woche taucht ein neues Diätversprechen auf, das uns endlich unseren Traumbody verheisst!
So ergänzen sich diese beiden Kräfte. Denn, wenn ich das, was ist, nicht will, beginne ich sofort Ausschau zu halten nach dem, was ich mir vorstelle.

Beide Haltungen, die verlangende und die ablehnende, führen zu unsäglichem Schmerz. Beides sind Haltungen, die letztlich richten und verur-

teilen und so den Moment und den konkreten Menschen übersehen. Im einen Fall übersehen wir das, was da ist, im andern wollen wir es nicht sehen. Hin und her geworfen vom einen ins andere, sind wir überall, nur nicht bei uns selbst, nur nicht bei dem, was gerade ist. Beobachten sie sich einmal und sie werden feststellen, dass wir zwar Vieles wollen, aber im Grunde nicht das, was im Moment da ist. Ständig richten wir über den Moment.

Indem wir richten, nehmen wir das nicht an, was uns im Moment gegeben ist. So sind wir blind für das Einzige, was uns tatsächlich gegeben ist: Nämlich den Moment wie er ist, und das Gegenüber wie es ist. Und das ist das Einzige, was uns je zur Verfügung stehen wird. Wir alle wollen ein volles Leben. Leben aber findet nur jetzt statt. Nie morgen. Darum hängt erfülltes Leben wesentlich davon ab, immer wieder zu dem zurückzukehren, was im Moment da ist. Nicht die Umstände sind letztlich verantwortlich für unser Wohlbefinden, sondern die Art, wie wir damit umgehen. Der gegenwärtige Moment ist unendlich kostbar. Der gegenwärtige Moment ist der Same, mit dem wir arbeiten sollen. Und zwar nicht, in dem wir ihn beurteilen, überwinden oder gar loswerden wollen, sondern in dem wir ihn annehmen und leben. Und zwar nicht nur den guten Moment, sondern auch den schwierigen. Und genau das fällt uns oft so unendlich schwer. Ist nicht der Moment eben genau das, was wir hinter uns lassen möchten, wenn z.B. Schwierigkeiten in der Partnerschaft auftreten? Ist nicht die Person, die wir jetzt in diesem Moment sind, gerade das, was wir zu verändern versuchen? Und so richten wir immer wieder über den Moment und über die Menschen mit denen wir zusammen sind, flüchten aus dem Moment heraus in Ideale und Vorstellungen und verpassen so das Leben.

Der Same wird nicht darum zum Baum, weil er ein Baum werden will, sondern weil er sich in die Erde hinein gibt. So geschehen Veränderung und Verwandlung nicht dort, wo wir uns vorsätzlich verändern wollen, sondern dort, wo wir fähig werden, uns auf den Moment einzulassen, auf das, was ist. Daraus geht Leben hervor, daraus erwächst Sinn. Genau darauf weist uns Johannes hin. Wer sein Vertrauen auf den Sohn Gottes setzt, wird nicht zugrunde gehen, sondern ewig leben. Und Jesus Christus trauen heisst, dem Moment trauen. Heisst, den Moment annehmen, so wie er ist, in guten und schlechten Zeiten. So wie Jesus sein Leben und sein Sterben angenommen und durchlebt hat. Er hat sich auf die Welt eingelassen, wie sie ist. Er hat die Menschen angenommen, wie sie sind. D.h. er hat sie geliebt. Darum ist die Liebe das genaue Gegenteil des Richtens und Verurteilens. Sie ist das Gegenteil von der fordernden und der ablehnenden Haltung. Gott hat nämlich Jesus nicht gesandt, um die Welt zu verurteilen, sondern sie durch seine Liebe zu retten. Und wie macht er das? Indem er sich in die Umstände dieser Welt hineingegeben, und all die schwierigen Situationen, die ein menschliches Leben bringt, ausgehalten und durchlebt hat.

Je mehr wir uns in seine Liebe vertiefen, umso mehr wird unsere Fähigkeit zu lieben, wachsen. Und unser Drang zu richten und verurteilen wird sich auflösen, wie der Morgennebel in der Sonne.
Wer Jesus nicht im Jetzt findet, sondern irgend wann etwas von ihm erwartet, der wird ihn nie finden, der wird ihm auch in Zukunft nicht begegnen. Nicht weil Jesus sich uns entziehen will, sondern weil er uns nie anders als im gegenwärtigen Moment begegnen kann. Wie überhaupt Begegnung nie anders als im Moment geschehen kann. Das meint der Text, wenn er sagt: Wer nicht vertraut, wer sich nicht auf den Moment einlässt, ist schon gerichtet, der fällt aus dem Leben heraus. Weil Jesus sich ganz auf den Moment eingelassen hat, dürfen auch wir uns mutig darauf einlassen, mit unsern sogenannten Stärken und Schwächen. Das aber müssen wir einüben. Denn unsere Vorstellungen und Wünsche von Gott, voneinander und uns selbst sind stark. Immer wieder loslassen und ganz dasein, das tönt einfach, aber es gleicht dem Prozess, von einer Sucht loszukommen. Offen zu sein für den Moment, heisst, Gott zu erfahren, der uns sagt: Weißt du es, ich habe dich lieb, jetzt, so wie du bist, nicht irgendwann später, wenn du so oder anders geworden bist. Jetzt. Hier.
Um uns in dieses Vertrauen einzuüben, brauchen wir Zeiten der Stille, Räume der Stille, Menschen, die uns auf unserm Weg begleiten. Gönnen sie sich doch ein paar Atemzüge der Stille und entspannen sie sich in die Gegenwart Gottes hinein...

Mth. 6, 13: „Und führe uns nicht in Versuchung“

„Für jedes Problem gibt es eine Lösung, die einfach, klar und falsch ist.“ Wenn dieses Zitat für etwas zutrifft, dann ganz gewiss für den Umgang mit dem Thema der Versuchung. So sehr wir uns nach einfachen und klaren Antworten sehnen, so falsch müssen diese herauskommen. Ein Beispiel: Woher stammt die Versuchung? Uns kommt vielleicht zuerst die Sexualität in den Sinn, wo jemand versucht wird oder vielleicht das Essen, von dem wir uns versuchen lassen, obwohl wir eigentlich schon genug hätten. Hier wird die Versuchung einseitig ausserhalb von uns angesiedelt. Wo immer
das geschieht, werden Dinge, die zu unserm Leben gehören verteufelt. Eben z.B. Sexualität oder die Freude am Essen.
Wenn wir aber genau hinschauen, kann uns alles zur Versuchung werden. Praktisch alle Lebenssituationen können wir in einem schlechten Sinn nutzen. Das heisst aber doch nicht, dass alles schlecht ist, und dass die Welt schlecht ist.
Und nun wäre eine weitere einfache, klare, aber ebenso falsche Lösung, uns Menschen schlecht zu machen. Nach dem Motto: Nur der schlechte Mensch lässt sich verführen.
Viel mehr aber machen wir einfach immer wieder die Erfahrung, dass wir eben versuchbar sind. Nicht schlecht, aber versuchbar. Versuchbar sein hängt weder mit der Schlechtigkeit der Welt, noch mit der Schlechtigkeit von uns Menschen zusammen. Diese einfache Lösung des Schlechtmachens ist uns also verbaut. Woher stammt sie denn, die Versuchbarkeit?
Die Bibel selber hat auch keine einfache, klare Lösung. Vielmehr gibt sie ganz unterschiedliche Antworten in Bezug auf die Versuchung: Im Unser Vater ist es offensichtlich Gott, den wir bitten, dass er uns nicht in Versuchung führt. Im Jakobusbrief heisst es: „Niemand sage, wenn er versucht wird, er werde von Gott versucht. Denn Gott ist unberührt vom Bösen. Vielmehr wird der Mensch von der eigenen Lust versucht.“ Dann aber kann es auch der Teufel sein, der die Menschen versucht. Am häufigsten finden wir in der Bibel spannender Weise Situationen, in denen Menschen Gott versuchen.

Versuchung auf nur einen Ursprung zu reduzieren, führt anscheinend in die Irre. Und hinter der Versuchung immer das Böse zu vermuten, ebenfalls. Was machen solche Menschen mit dem folgenden Bibelvers: „Achtet es für lauter Freude, wenn ihr in mancherlei Versuchungen geratet, und erkennet, dass die Erprobung eures Glaubens Geduld wirkt.“ Hier erscheint Versuchung in einem ganz positiven Licht, weil sie uns Gelegenheit bietet, Geduld zu entwickeln.
Schon an diesen paar Beispielen sehen wir, dass alle einfachen und ausschliesslichen Antworten unser Zitat bestätigen: Sie sind falsch

oder mindestens einseitig. Offenbar gehören verschiedene Formen von positiver und negativer Versuchung zu unserem Menschsein. Menschsein und Versuchung gehören anscheinend zusammen und können nicht auf einen schlechten Ursprung reduziert werden. Das wird noch verständlicher, wenn wir auf das Unser Vater sehen:
Die Bitte „und führe uns nicht in Versuchung“ folgt unmittelbar auf die Bitte um gegenseitige Schuldvergebung: „Vergib uns unsere Schuld, wie auch wir vergeben unsern Schuldigern und führe uns nicht in Versuchung.“ Voraussetzung dafür, dass wir überhaupt versucht werden können, ist also etwas ganz Positives, nämlich die Vergebung der Schuld. Vergebung erfahren und sie gewähren können bedeutet, frei zu werden von Situationen, in denen wir gebunden sind und andere Menschen (an uns) binden. Also nur der freie Mensch kann versucht werden. Der unfreie wird gar nicht versucht, er hat keine Chance sich zu wehren. Er ist einer schwierigen Situation hoffnungslos ausgeliefert. Nur der freie Mensch kennt eine wirkliche Wahl, kann sich für oder gegen etwas entscheiden. So setzt die Versuchung also unsere Freiheit voraus, erinnert uns geradezu daran, dass Gott uns als freie Menschen geschaffen hat. Dass wir versuchbar sind, hat also einen ganz positiven Hintergrund. Das überrascht, weil wir Versuchung so oft negativ deuten. Die Bitte weiss nun aber auch darum, dass es keine einfache Sache ist, mit dieser Freiheit umzugehen, denn jede Versuchung eröffnet uns eben auch die Möglichkeit, der Versuchung zu erliegen.
Versuchung bewirkt im Grunde immer dies: uns vorgaukeln, dass uns etwas fehlt, dass wir irgendwo noch einen Mangel haben, dass wir noch mehr haben und sein könnten. Letztlich also, dass Gott uns noch etwas vorenthalten hat. Genau damit versucht die Schlange im Paradies Adam und Eva. Sie sagt: Gott will nur nicht, dass ihr so werdet wie er. D.h. sie gaukelt uns Menschen vor, dass Gott uns noch etwas vorenthalten hat. Und jede Werbung und die ganze Wirtschaft bauen darauf auf, dass sie uns sagen: Du bist noch nicht gut genug, du kannst noch mehr aus dir machen. Du hast noch nicht alles, darum bist du noch nicht wirklich glücklich.
Solange wir dieses Verständnis mit uns herumtragen, werden wir Mühe haben, der Versuchung zu widerstehen.
Es ginge darum, in eine Erfahrung hineinzuwachsen, die uns die Gewissheit gibt: Weil Gott sich uns geschenkt hat, weil nichts mehr zwischen Gott und uns steht, sind Gott und Mensch untrennbar miteinander verbunden. Was sollte uns dann aber noch fehlen? Wo sollten wir dann aber noch einen Mangel haben, wenn Gott sich uns selbst geschenkt hat?
Alle religiösen Gebote, alle Askese, also alle freiwillige Einschränkung, hat im Tiefsten nur diese eine, gute Absicht, nämlich uns in die Erfahrung hineinzuführen, dass uns alles Wesentliche schon geschenkt ist. Das tönt vielleicht wie von einer andern Welt und ist doch der Kern der

biblischen Botschaft. Von Anfang an hat Gott alles gut geschaffen. Und Jesus ist gekommen uns daran zu erinnern, dass nichts und niemand uns trennen kann von der Liebe Gottes

Es gibt in allen Religionen Wege, die uns in diese Erfahrung führen möchten. Es sind die Wege der Mystik, wir können sagen, die Wege, die uns nach innen führen, an den Ort, an dem Gott und Mensch einander begegnen. Es ist auch der Weg, den Jesus gegangen ist, wenn es von ihm immer wieder heisst: Und früh am Morgen als es noch dunkel war ging er hinaus an eine einsame Stelle und verharrte dort im Gebet. In der Verbundenheit mit Gott im Gebet kann die Gewissheit wachsen, dass nichts zwischen uns und Gott steht, dass uns alles geschenkt ist. Dann wird uns die Versuchung nur immer näher zu Gott führen. Wir müssen von Dingen und Menschen dann nicht mehr erwarten, dass sie uns den Himmel auf Erden geben, weil wir den Himmel schon in uns tragen. Wir dürfen dann allem begegnen, wie es ist und den Menschen wie sie sind, ohne falsche Erwartungen. Und gerade so werden wir in allem eine ganz neue Schönheit entdecken lernen. Bitten wir darum Gott, dass er uns nicht in die Versuchung führt, in der wir meinen, wir müssten das Leben erst noch finden irgendwo ausserhalb von uns. Leben wir so, als hätten wir das Leben schon gefunden, damit wir erfahren können, dass es uns tatsächlich schon geschenkt ist. Bitten wir, dass er uns führt in der Versuchung, die uns vorgaukelt, getrennt vom Leben zu sein.

Wie es ein Mystiker gesagt hat:

„Dieses mein Ich stellt sich, o Gott, zwischen dich und mich.
Entferne, o Gott, in deiner Gnade dieses Ich aus unserer Mitte.“

Mk. 9, 30-37: Gross sein wollen und gross sein dürfen

„Sie gingen von dort weg und zogen ohne Aufenthalt durch Galiläa. Und er wollte nicht, dass es jemand erfahren sollte. Denn er lehrte seine Jünger und sprach zu ihnen: Der Sohn des Menschen wird in die Hände der Menschen ausgeliefert und sie werden ihn töten, und nachdem er getötet worden ist, wird er nach drei Tagen auferstehen. Sie aber verstanden das Wort nicht und fürchteten sich, ihn zu fragen. Und sie kann nach Kapernaum, Und als er ins Haus eingetreten war fragte er sie: Was habt ihr unterwegs verhandelt? Sie aber schwiegen; denn sie hatte sich unterwegs miteinander besprochen, wer der Grösste sei. Und er setzte sich und reif die Zwölf und sprach zu ihnen: Wenn jemand der Erste sein will, die er der Letzte von allen und der Diener von allen! Und er nahm ein Kind, stellte es mitten unter sie, umarmte es und sprach zu ihnen: Wer ein solches Kind um meines Namens willen aufnimmt, der nimmt mich auf; und wer mich aufnimmt, der nimmt nicht mich auf, sondern den, der mich gesandt hat."

Kennen sie das? Jemand erzählt ihnen etwas, und sie kommen überhaupt nicht nach und trotzdem trauen sie sich nicht, nachzufragen, weil es ihnen irgendwie peinlich ist oder sie den rechten Moment wie verpasst haben.
In diesem Fall hätte es den Jüngern nicht peinlich sein müssen, dass sie nicht verstehen: Jesus spricht von Tod und Auferstehung. Wirklichkeiten, die uns bis heute fremd sind. Umso mehr, wenn ein junger, lebensfroher Mann wie Jesus davon spricht.
So haben die Jünger die Worte von Jesus schnell vergessen und sprechen über das, was sie interessiert und was alle Welt jeden Tag bewegt: „Wer ist wohl der Grösste unter uns? Wer ist der schnellste im Sport? Wer hat am Meisten Kraft? Wer verdient am meisten ? Wer sieht am Besten aus? Wer hat das tollste Auto? Wer das neuste Smartphone? Fügen sie ihre eigenen Fragen an, es gibt sicher noch viele.
In uns gibt es wie einen Grundtrieb, sich zu messen, besser, schneller, schöner, reicher zu sein. Und bei den Jüngern brennt sogar noch die Frage danach, wer wohl den tiefsten Glauben habe. Im Glauben der/die Beste zu sein, das kommt heute kaum jemandem in den Sinn. Das verbindet man schnell mit Fanatismus. Wer sich bei uns offen zum Glauben bekennt, wird schnell einmal heruntergeputzt.
Wie geht Jesus damit um, dass seine Jünger, anstatt sich Gedanken zu machen zu dem, was er über Tod und Auferstehung gesagt hat, untereinander besprechen, wer - etwas salopp gesagt - der James Bond des Glaubens sei?
Ich glaube, ich wäre verärgert gewesen und hätte gesagt: Ihr versteht ja überhaupt nichts: Anstatt über Jesus nachzudenken und über seinen Weg, denkt ihr nur an euch selbst und wer der Beste ist.

Jesus aber setzt sich. Er nimmt sich Zeit und ruft seine Jünger in seine Nähe. Und dann? Er verneint diese Grundenergie nicht, die in uns Menschen ist. Er macht diese Kraft, die sich messen will, nicht einfach schlecht und sagt: Also, das macht ein echter Christ nicht, sich an die erste Stelle setzen zu wollen! Diese Kraft zu verneinen, würde wohl heissen, unser Leben zu verneinen, unser Menschsein zu verneinen und das kann sicher nicht das Anliegen von Jesus sein. Was macht Jesus? Er gibt dieser Kraft eine andere Richtung: Wir setzen diese Kraft oft ein, um uns von andern Menschen abzuheben. Wir wollen mit dieser Kraft einen Vorsprung herausholen, die andern hinter uns lassen, Distanz schaffen. Am Deutlichsten ist das im Sport, wo es immer darum geht, einen Vorsprung herauszuholen. Und auch Macht und Reichtum wird in unserer Welt fast ausschliesslich dafür eingesetzt, Distanz zu schaffen zu andern Menschen, sich abzuheben und mehr zu sein.
Jesus sagt nichts gegen unsere Kraft. Er sagt: Wenn du das in dir so erlebst, dass du der Erste und Beste sein möchtest, dann tu das mit deiner ganzen Kraft, aber setze sie so ein, dass sie Nähe und Verbundenheit mit andern Menschen schafft. Setze deine Kraft ein, in dem du dienst. Nicht unterwürfig und dich aufopfernd im Sinne von: Ich bin ja so schlecht, ich tauge zu nichts Besserem, als dass ich diene. Nein, diene mit deiner ganzen Kraft als aufrechter Mensch.
Dem christlichen Tun hängt oft noch so etwas Unterwürfiges und Lebensfeindliches an. Jesus will keine verkrümmten, sich aufopfernden Menschen. Er ist gekommen, dass wir Leben haben und Fülle. Das aber wird nur dort möglich, wo wir Leben und Fülle nicht auf Kosten anderer Menschen und Völker leben, sondern wo wir einander ermutigen und ermächtigen zum Leben und die Fesseln einer falschen Demut lösen.
Also: Gross sein, Erster sein, ja, aber so, dass es allen zu Gute kommt. Wenn wir so beginnen, in unsere Kraft hinein zu wachsen, dann wird uns auch neu das Herz aufgehen für Jesu Worte von seinem Sterben und Auferstehen. Nur wer sein Leben lebt, wird es auch sterben können. Und nur wer stirbt, wird erfahren, was auferstehen heisst.
Folgender Text, der in verschiedenen Versionen kurisert und dessen Autorschaft auch nicht ganz klar ist, wurde von Nelson Mandela bei seiner Amtseinsetzung zum Präsidenten von Südafrika gesprochen. Er fasst das Evangelium wunderbar zusammen:

„Unsere tiefste Angst ist nicht, dass wir der Sache nicht gewachsen sind.
Unsere tiefste Angst ist, dass wir unermesslich reich sind.
Es ist unser Licht, das wir fürchten, nicht unsere Dunkelheit.
Wir fragen uns: „Wer bin ich denn eigentlich, dass ich leuchtend, hinreissend, begnadet und fantastisch sein darf?“
Wer bist du denn, es nicht zu sein?

Wenn du dich klein machst, dient das der Welt nicht. Es hat nichts mit Erleuchtung zu tun, wenn du schrumpfst, damit andere um dich herum sich nicht verunsichert fühlen.
Wenn wir unser Licht erstrahlen lassen, geben wir unbewusst anderen Menschen die Erlaubnis, dasselbe zu tun.
Wenn wir uns von unserer Angst befreit haben, wird unsere Gegenwart, ohne unser Zutun, andere befreien."

Dazu ermutige uns der Geist Jesu Christi, der Geist des Lebens und der Fülle, mit seiner Kraft.

Einleitung zu den Gleichnissen

Mehr als ein Drittel der Worte Jesu sind Gleichnisse. Offenbar sind sie für Jesus eine geeignete Form, um das in Sprache und ins Bild zu bringen, was ihm am Herzen liegt.
Gleichnisse wollen nicht einfach nur etwas abbilden, sagen wie es ist, sondern sie geben uns etwas zu entdecken. Sie erzählen vom Reich Gottes, aber in ganz weltlicher Weise: Das, worum es geht, ist eben nichts Weltabgehobenes, Fernes. Vielmehr etwas, das sich mitten im Alltag ereignet und zwar gerade hier und jetzt.
Jesus unterscheidet sich damit von der Art und Weise, wie man früher das Kommen des Reiches Gottes erwartet hatte: Entweder sah man es als im völligen Gegensatz stehend zu dem, was den Menschen vor Augen stand. Und darum wollte manche Gruppen sein Kommen durch einen - unter Umständen auch gewalttätigen - Umsturz herbeiführen. Oder man verband sein Kommen mit der Erfüllung verschiedener Gebote. Erst wenn die Erwählten Menschen dem Gesetze nach leben, wird das Reich Gottes kommen. Diese Haltung führte oft zur Bildung von Gruppen, die sich vom Rest absonderten und ein asketisches Leben führten. Auf jeden Fall lebte man auf die Zukunft ausgerichtet. Was sich jetzt ereignete, wagte man nicht zu verbinden mit dem Kommen des Reiches Gottes.
Jesus hingegen betonte das Jetzt, z.B. mit dem bekannten Wort: „Das Reich Gottes ist mitten unter euch" oder wie es auch manchmal übersetzt wurde: „Das Reich Gottes ist in euch." Und stiess damit natürlich auf erheblichen Widerstand.

Oft gehen die Gleichnisse aus von ganz vertrauten Bildern (Sämann, Hirte etc.), gehen aber, wie wir sehen werden, an gewissen Punkten über das Vertraute hinaus. Gerade auf diese Punkte gilt es achtsam hinzuhören. Der vertraute Standpunkt der Hörer wird dadurch eingeholt und zugleich auf etwas Neues, Überraschendes hin geöffnet. Heil wird uns nicht einfach übergestülpt, sondern wir sind ernst genommen als verantwortliches Gegenüber. Es geht ihm um uns.
Indem Jesus über Gleichnis zu uns spricht, gibt er uns auch die Möglichkeit, zunächst etwas aus Distanz anzuschauen. Wir wissen, wie schwierig es ist, wenn uns jemand die Wahrheit wie einen kalten Waschlappen um die Ohren schlägt. Überhaupt fällt es uns schwer, die Wahrheit über uns selbst von andern zu hören. V.a. wenn sie einfach feststellt und nicht, wie wir es in den Gleichnissen sehen werden, neue Möglichkeiten zuspielt.
Nicht zu vergessen ist auch, dass es Jesus ist, der erzählt, d.h. einer, der aus tiefer Liebe und aus Mitgefühl heraus zu den Menschen spricht. Jesus erzählt in den Gleichnissen sozusagen sich selbst! Darum, wo Menschen sich seine Geschichten erzählen, wird er selber gegenwärtig.

Das Gleichnis vom Sämann: Mk. 4 1-9

„Und er fing abermals an, zu lehren am Meer. Und es versammelte sich viel Volks um ihm, also dass er sich auf dem Wasser in ein Schiff setzte; und alles Volk stand auf dem Lande am Meer. Und er predigte ihnen lange durch Gleichnisse; und er sprach zu ihnen:
Höret zu! Siehe, es ging ein Sämann aus, zu säen. Und es begab sich, indem er säte, fiel etliches an den Weg; da kamen die Vögel unter dem Himmel und frassen's auf. Etliches fiel in das Steinige, wo es nicht viel Erde hatte; und ging bald auf, darum weil es nicht tiefe Erde hatte. Da nun die Sonne aufging, verwelkte es, und dieweil es nicht Wurzel hatte verdorrte es. Und etliches fiel unter die Dornen; und die Dornen wuchsen empor und erstickten's, und es brachte keine Frucht. Und etliches fiel auf ein gutes Land und brachte Frucht, die da zunahm und wuchs; etliches trug dreissigfältig und etliches sechzigfältig und etliches hundertfältig. Und er sprach zu ihnen: Wer Ohren hat, zu hören, der höre!"

Hier ruft er das vertraute Bild des Sämanns wach. Hilfreich ist der Hinweis, dass man zur Zeit Jesu den Acker vor der Saat nicht umpflügte. Erst nach dem Säen pflügte man, damit das Unkraut keine Zeit hatte, zu wachsen.
Allein schon diese Tatsache mag ein Hinweis darauf sein, dass die höchste Wahrheit, hier im Bild des Wortes Gottes, oder auch einfach gesagt, das Leben, uns geschenkt ist noch vor allem Bemühen, etwas daraus zu machen. Vor allem Tun und Wollen ist der Same ausgesät!
Einer der Punkte, an dem das Gleichnis nun über das Vertraute hinaus geht ist der, dass dieser Sämann überaus grosszügig sät: Buchstäblich überallhin sät er den Samen aus: Auf den Weg, auf die Steine, mitten ins Unkraut und die Dornen. Ziemlich unachtsam! Was soll das? Die Wahrheit ist grosszügig ausgesät. Wahrheit ist überall zu finden. Sie ist nichts Fremdes oder Abgesondertes. Jeder Mensch hat Anteil an ihr. Jemand hat einmal gesagt: Die Weisheit sei am gerechtesten verteilt: Davon habe nämlich jeder den Eindruck, er hätte mehr als die andern geschenkt bekommen...
Wenn es nun darum geht, dass der Same Frucht bringt, dann ist das ein Vorgang, der dem Samen völlig entspricht. Frucht bringen hiesse also, dem Samen Gottes in uns Raum zu geben, zuzulassen, dass er nicht nur in uns Frucht bringt, sondern uns selbst zur Frucht heranreifen lässt, zu unserem wahren und uns entsprechenden Wesen.
So selbstverständlich das tönt, so anders empfinden wir oft unser Leben. Wie oft meinen wir, ein anderer, eine andere werden zu müssen. Wie oft wollen wir auch anders werden. Nicht selten so anders, wie wenn ein Weizenkorn sich erhoffte, einmal als Tomate Frucht zu erbringen, weil es die Farbe so schön findet.

Und wir sind enttäuscht, wenn wir immer wieder feststellen, dass wir nicht wie die andern sind und nicht können, was die andern können. Im Grunde aber ist die grösste Enttäuschung die, dass wir nicht das auszudrücken wagen, was in uns angelegt ist. Aus der Sicht der Landwirtschaft ist das absurd. Welcher Bauer oder Gärtner wird wohl Getreide säen und dann auf Tomaten hoffen? Wir dürfen und sollen der Mensch werden, der wir sind. Ein Original und keine Kopie irgendeines Idols.
So heisst es in einer bekannten Chassidischen Geschichte von Rabbi Sussja, als er bereits krank war: Im Himmel wird man mich nicht fragen „Warum bist du nicht Mose gewesen…? Man wird mich fragen: warum bist du nicht Sussja gewesen?“

Oft aber ringen wir ja auch darum, wirklich wir selbst zu sein. Und dann dünkt es uns, es gebe so viele äussere Hindernisse, die unsere Sehnsucht mindestens einschränken, wenn nicht verhindern.
Das Gleichnis weiss um solche Schwierigkeiten: Das sind einmal die Vögel, die das weg picken, was nicht in die Erde fällt. Damit sind all die Menschen angesprochen, von denen wir manchmal den Eindruck haben, sie nähmen uns etwas weg. Sie würden uns unserer Möglichkeiten berauben. Eine schwierige Kindheit, kraftraubende Beziehungen, eine unbefriedigende Arbeitsstelle etc.
Oder manchmal beginnen wir etwas voller Elan, aber dann fehlt uns der lange Atem, dran zu bleiben und wir geben auf. Das ist wie das Korn, das auf den Felsen fällt, dort zwar schnell keimt, aber dann verdorrt, wenn die Hitze des Tages brennt.
Oder dann ist da das Unkraut und die Dornen unserer Sorgen, Befürchtungen und Ängste, die den kleinen Anfang mit ihrem Gewicht zudecken und ersticken.
Um all diese äusseren und inneren Hindernisse weiss dieses Gleichnis Und es beschönigt nichts.
Und trotzdem bleibt es nicht dabei stehen, lässt sich nicht erschüttern von den Widerwärtigkeiten des Alltags: Noch anderes fiel auf den guten Boden und brachte Frucht, dreissigfältig und sechzigfältig und hundertfältig…
„Mein Leben besteht aus Katastrophen und Befürchtungen, von denen die meisten nicht eingetroffen sind“, soll Mark Twain einmal gesagt haben.
Unsere Tendenz ist es, zu versuchen uns einzuordnen: Gehöre ich wohl eher zum felsigen Boden oder bin ich gar Unkraut oder Dornen?
Dieses feststellende Vergleichen führt in die Sackgasse. In uns gibt es alle diese Bereiche. Und alle sind sie berührt und angesprochen von diesem Gottessamen. Und in uns allen gibt es auch diesen fruchtbaren Teil, in dem der Same wächst.
Ausgesät wurde damals nicht erst, wenn der Acker schön bereitet war, sondern sogar vor der Bereitung des Bodens, damit der Same mit dem

Pflügen gleich tiefer in die Erde gelangt. Vor allem Tun, sollen wir uns immer wieder bewusst machen, dass wir berührt und befruchtet sind von dieser Gotteskraft, die Leben wirken will.
Vielleicht dürfen wir dieses Bild auch einfach auf unser Leben übertragen:
Im Leben kommt immer wieder einmal Vieles, wenn nicht alles, durcheinander. Es wird wie aufgepflügt und dadurch auch verletzt. Oft sind aber gerade unsere Wunden Stellen die Orte, an denen Neues geschehen kann.
Können wir es wagen, Schwierigkeiten sehen zu lernen als ein Aufgepflügtwerden unserer Gewohnheiten, bis in die Zellen unseres festgefahrenen Herzens hinein? Es ist kostbar, dass wir miteinander unterwegs sind und wir dürfen vertrauen auf das, was von diesem Samen, dem Wort Gottes, schon vor Urzeiten gesagt ist:

„Wie der Regen und der Schnee vom Himmel herabkommt und nicht dahin zurückkehrt, sondern die Erde tränkt, dass sie fruchtbar wird und sprosst und dem Sämann Samen und dem Essenden Brot gibt, so auch mein Wort, das aus meinem Munde kommt: es kehrt nicht leer zu mir zurück, sondern wirkt, was ich beschlossen, und führt durch, wozu ich es gesendet. In Freude werdet ihr ausziehen und in Frieden sollt ihr geleitet werden." Jes. 55

Haben wir also keine Angst vor dem Aufgepflügt werden. Im tibetischen Buddhismus gibt es die Anweisungen: „Geh an die Orte, die Du fürchtest." Dabei geht es um das liebevolle Annehmen dessen, was ist und uns begegnet. Gerade dahinein ist der Same ausgesät und gerade da will er Wurzel schlagen und wachsen.

Gleichnis vom Unkraut unter dem Weizen: Mth. 13, 24-30

„Ein anderes Gleichnis legte er ihnen vor und sprach: Das Himmelreich ist gleich einem Menschen der guten Samen auf seinen Acker säte. Während aber die Leute schliefen, kam sein Feind und und säte Unkraut mitten unter den Weizen und ging davon. Als nun die Saat wuchs und Frucht ansetzte, da zeigte sich auch das Unkraut. Und die Knechte des Hausherrn traten herzu und sprachen: Herr, hast du nicht guten Samen in deinen Acker gesät? Woher hat er denn das Unkraut? Er aber sprach zu ihnen: Das hat der Feind getan! Da sagten die Knechte zu ihm: Willst du, dass wir gehen und es ausreissen? Er aber sprach: Nein, damit ihr nicht , indem ihr das Unkraut ausreisst, zugleich mit ihm den Weizen ausreisst. Lasset beides miteinander wachsen bis zur Ernte und zur Zeit der Ernte will ich den Schnittern sagen: Leset zuerst das Unkraut zusammen und bindet es in Bündel, dass man es verbrenne.Den Weizen aber sammelt in meine Scheune!“

Dieses Gleichnis nimmt wieder dieses vertraute Bild aus der Landwirtschaft auf: Es beschreibt Saat und Ernte. Der springende Punkt ist hier sehr augenfällig und beansprucht ziemlich schnell unsere Aufmerksamkeit: Das Unkraut soll nicht ausgerissen werden.
Spontan stellen wir uns wohl hinter die Sicht der Arbeiter, die das Unkraut vom Weizen trennen wollen. Zu selbstverständlich sind doch unsere Erfahrungen in diesem Punkt: Ein fauler Apfel steckt die andern an. Unkraut unterdrückt oder hindert das Wachstum. Es gilt, das Böse auszurotten. Die Haltung vieler Menschen und wohl oft auch unsere eigene, stützen sich gänzlich auf diese Sicht.
Uns scheint die Antwort des Meisters unverantwortlich: Lasst beides miteinander wachsen! Ist das nicht eine Einladung, die Dinge fahren zu lassen, der Willkür Tür und Tor zu öffnen? Sich auf der faulen Haut auszuruhen oder aber, sich zum Opfer zu machen, das sich nicht wehren darf?
Müssen wir nicht unsern Teil beitragen zum Gelingen der Ernte? Wie es eine Anekdote zeigt: Ein Pfarrer besuchte ein Mitglied seiner Gemeinde, einen Bauern: Dieser führt ihn an ein wunderbar blühendes Ährenfeld. Voller Ehrfurcht staunt der Pfarrer: Das hat der liebe Gott aber schön gemacht. Der Bauer, einigermassen enttäuscht, dass alles Lob dem Herrgott zukommt, führt ihn zu einem in ganzer Grünkraft stehenden Kartoffelacker. Wieder lobt der Pfarrer den Herrgott mit den Worten: Das hat der liebe Gott aber wunderbar gemacht. Schliesslich führt er ihn an ein völlig verkrautetes Feld, worauf der Pfarrer verdutzt fragt: Was ist denn hier geschehen??? Darauf der Bauer: Hier habe ich den lieben Gott alleine wirken lassen!
Und gibt es nicht genügend Beispiele, die genau das belegen: Wenn wir unsere Verantwortung nicht wahrnehmen, wächst nichts, resp. breitet sich das Schlechte aus?

Dieser Haltung gegenüber steht nun die offensichtliche Gelassenheit des Meisters, der sagt: Lasst beides wachsen bis zur Ernte!
Was kommt in dieser Haltung zum Ausdruck?

Offenbar ist das Vertrauen in die Kraft und das Durchsetzungsvermögen dessen, was da gesät wird so gross, dass nichts das Wachsen aufzuhalten vermag. Der Fokus liegt gänzlich auf dem, was da gesät ist und nun wächst. Reich Gottes muss ich mir offenbar nicht erkämpfen, ich muss es nicht schützen, es ist nicht Ergebnis irgendeiner Leistung, sondern wächst wie von selbst.
Diese Haltung finden wir auch bei der Anleitung unterschiedlicher Meditationsübungen wieder: Auch dort ist es ganz zentral, nicht gegen das anzukämpfen, was in unserem Geist auftaucht oder sich unseren Sinnen zeigt. Wir lassen die Dinge sein in dem doppelten Sinn: Wir anerkennen, was in unserem Geist auftaucht, verleugnen es nicht, kämpfen nicht dagegen an und rechtfertigen uns nicht dafür. Und gleichzeitig steigen wir nicht darauf ein, sondern entlassen es mit der nächsten Ausatmung. Wie es einer meiner Lehrer einmal sagte: Die Gedanken sind uns so egal, wir ignorieren sie nicht einmal!
Als man einen alten Weisen fragte, wie er sein Leben erfahre, sagte er: „In meinem Innern ringen zwei Hunde miteinander. Der eine ist ganz freundlich und gutgesinnt, der andere böse und bissig." „Und welcher gewinnt?" wollten die Leute wissen. „Derjenige, den ich nähre!" entgegnete der Weise.
Dem, was wir Beachtung schenken, dem geben wir Kraft. Wehren wir uns gegen die in uns auftauchenden Gedanken und Gefühle, geben wir ihnen Energie und machen sie noch stärker. Lassen wir sie sein, enthüllen sie sich als vergängliche Aspekte unseres Geistes.
Das Gleichnis deutet auch darauf hin, dass unsere Vorstellung, Gegensätze müssten zu Gunsten der einen Seite aufgehoben werden, auch in die Zerstörung jenes Pols führen, den wir meinen, retten zu müssen: „Sonst reisst ihr mit dem Unkraut auch den Weizen aus..." Alles ist auf geheimnisvolle Weise miteinander verbunden.

Wir sind also eingeladen, jedes vorschnelle Urteilen und Handeln loszulassen im Vertrauen darauf, dass der Prozess der Reifung und des Fruchttragens nicht aufgehalten werden kann. Als die junge Kirche sich auszubreiten begann und sich manche religiösen Richtungen davor fürchteten und etwas gegen sie tun wollten, meinte Gamaliel, ein Gelehrter der damaligen Zeit: „Wenn die Sache nicht von Gott kommt, dann wird sie von alleine wieder verschwinden. Kommt sie aber von Gott, dann würde sie sich auch dann ausbreiten, wenn man sich mit aller Kraft dagegen wehren würde." (vgl. Apostelgeschichte 5,38)

So lädt uns dieses Gleichnis ein, uns mit der grundlegenden Kraft und Güte, die im Leben und damit auch unserem Leben wirkt, anzufreunden. Uns auf sie zu fokussieren, ihr zu vertrauen und sie gerade so in unserem Leben als bereits wirksam zu erfahren. Das hilft, zu einer Haltung der Gelassenheit zu finden gegenüber dem, was uns in unserm Leben und im Leben unserer Mitmenschen als Unkraut begegnet. Das Gleichnis will uns nicht klein halten und uns unsere Möglichkeiten und Verantwortung absprechen, aber es lenkt unsern Blick hin auf jene Wirklichkeit und Kraft, die vor all unserm Tun schon längst am Wirken ist. Gerade von dieser Blickrichtung wird unser Handeln entlastet, befreit und neu motiviert.
Auch in unserm Leib wirkt diese Kraft und leitet einen heilenden Prozess ein. Wichtig ist hier unser Dabeibleiben, unser achtsames und liebevolles Begleiten und geschehen lassen. Nicht zu früh einen Strich unter die Rechnung machen wollen. Poetischer ausgedrückt, mit den Worten von Hilde Domin:
„Nicht müde werden, sondern dem Wunder leise, wie einem Vogel, die Hand hinhalten."

Das Gleichnis vom grossen Gastmahl: Lk. 14, 15-24

„Als nun einer, der mit ihm zu Tische saß, solches hörte, sprach er zu ihm: Selig ist, wer das Brot isst im Reiche Gottes. Er aber sprach zu ihm: Ein Mensch machte ein großes Mahl und lud viele dazu. Und er sandte seinen Knecht zur Stunde des Mahles, den Geladenen zu sagen: Kommet, denn es ist schon alles bereit! Und sie fingen alle einstimmig an, sich zu entschuldigen. Der erste sprach zu ihm: Ich habe einen Acker gekauft und bin genötigt, hinauszugehen und ihn zu besehen; ich bitte dich, entschuldige mich! Und ein anderer sprach: Ich habe fünf Joch Ochsen gekauft und gehe hin, sie zu prüfen; ich bitte dich, entschuldige mich! Wieder ein anderer sprach: Ich habe eine Frau genommen, darum kann ich nicht kommen. Und der Knecht kam wieder und berichtete das seinem Herrn. Da wurde der Hausherr zornig und sprach zu seinem Knechte: Geh eilends hinaus auf die Gassen und Plätze der Stadt und führe die Armen und Krüppel und Lahmen und Blinden herein! Und der Knecht sprach: Herr, es ist geschehen, wie du befohlen hast; es ist aber noch Raum da! Und der Herr sprach zu dem Knecht: Geh hinaus an die Landstraßen und Zäune und nötige sie hereinzukommen, damit mein Haus voll werde! Denn ich sage euch, dass keiner jener Männer, die geladen waren, mein Mahl schmecken wird."

Eines der Bilder für die Erfahrung der ersten Wirklichkeit, das in der Bibel immer wieder aufgenommen wird, ist das eines grossen Festmahles. Oft ist von einem Hochzeitsmahl die Rede. Menschen zu allen Zeiten haben immer wieder gespürt und den Mut gehabt zu sagen, dass wir an diesem Fest nicht einfach nur als Zaungäste eingeladen sind, sondern dass wir die Braut (Auch die Männer!) selber sind. Braut des allerhöchsten Gemahls, nämlich Gottes selber. Damit ist gesagt, dass unsere höchste und erste Berufung unseres Lebens darin besteht, uns auf dieses Fest vorzubereiten, resp. es jetzt schon zu feiern.
Und dass auch von Gottes Seite her alles bereit ist dafür. Dass es also nicht nur um eine Ankündigung von etwas geht, das in irgend einer fernen Zukunft stattfinden soll, das kommt im Gleichnis wunderbar zum Ausdruck: das Essen ist bereits gerichtet und die Diener rufen die geladenen Gäste mit dem Ruf: Kommt, alles ist jetzt bereit!
Die Zeit drängt. Trotz der überragenden Bedeutung und Grösse diese Festes reagieren die geladenen Gäste nun aber einer nach dem andern mit einer Absage. Schaut man die Gründe an, merkt man, dass es nicht einfach um faule Ausreden geht. Wichtige Dinge stehen an: Der eine hat eine wichtige Entscheidung zu treffen, nämlich ob er sich einen Acker kaufen soll. Davon wird wohl mindestens ein Teil seiner Existenz abhängen. Und wohl unter dem Motto: erst die Arbeit und dann das Vergnügen, bittet er um Nachsicht. Der 2. scheint ein Grossgrundbesitzer zu sein, der seine neuen Ochsen einsetzen will, um das Geld zum Rentieren zu bringen. Und der 3. schliesslich hat selber erst grad geheiratet

und weil damals anscheinend nur Männer zum gemeinsamen Mahl eingeladen waren, will er seine Frau nicht schon alleine lassen. Auch das ein verständlicher Grund. Viele Frauen würden es schätzen, wenn ihre Männer ihretwegen auf ein Vergnügen verzichten...
Erstaunlich ist nun die Reaktion des Gastgebers. Das Fest muss auf jeden Fall stattfinden und sein Haus soll voll werden: darum schickt er seine Diener immer weiter hinaus bis vor die Tore der Stadt und lädt so auch Fremde zum Fest ein: Die Armen, die Behinderten, die Blinden und Lahmen.
Natürlich könnte man fragen: Aber wenn jetzt die andern ja gesagt hätten, wären dann diese nicht eingeladen worden? Aber ich meine, dass diese Frage uns an der Absicht des Gleichnisses vorbeiführt.
Ob wir uns nun zu den Erstgeladenen zählen oder eher zu den Fremden: Das Gleichnis spricht uns die Einladung zu: Kommt, alles ist bereit. Und wir sind aufgerufen, auf diese Einladung zu reagieren.
Was könnte es bedeuten, diese Einladung anzunehmen? Bedeutet das Ernstnehmen des Alltags den Verzicht auf die Einladung Gottes, resp. ist die Annahme der Einladung doch nur mit einem radikalen Bruch mit der Gesellschaft und unserem Alltag möglich?
Wie verhalten sich Alltag und das Fest Gottes? Wer meint, nur einem der Beiden dienen zu können, bei dem oder der stimmen vermutlich beide Seiten nicht.
Wer sich überhaupt keine Zeit nehmen kann, den Weg mit Gott zu pflegen, der müsste sich angesichts dieses Gleichnisses fragen lassen, ob er in seiner Welt nicht einen wesentlichen Teil seines Menschseins vernachlässigt. Und wer nur noch „spirituell leben“ will, um es einmal so zu sagen, muss sich fragen, ob sich Gott nicht gerade auch in der Alltagswelt finden lassen will.
Wenn ich darauf schaue, wie viel Zeit, Energie und Geld wir investieren in unseren äusseren Erfolg, in die Anhäufung von Dingen, wieviel Kraft wir stecken in die technische und militärische Entwicklung, wieviele Opfer wir bereit sind zu bringen für unsere Karriere, dann höre ich auf dem Hintergrund des Gleichnisses die Worte Jesu, wo er sagt: „Was nützt es dem Menschen, die ganze Welt zu gewinnen, wenn er dabei sein Leben verliert?“ oder mit andern Worten: „Was nützt es uns den Weltraum zu erobern, wenn wir nicht einmal die kleinste Distanz von Mensch überwinden können?“
Wir planen unsere Zukunft, bis wir keine mehr haben.

Ein Sinn der Auseinandersetzung mit gerade diesem Gleichnis könnte es sein, nachzuspüren, ob die Prioritäten, die wir gesetzt haben, noch stimmig sind. Und den Ruf, der wohl im Alltag wenig Platz hat, an unser Ohr und an unser Herz dringen zu lassen: „Kommt, alles ist jetzt bereit!“ Diesem „jetzt“ soviel Raum zu geben, dass es sich dann eben auch mitten im Alltag bemerkbar machen kann. Wir können deswegen vielleicht

nicht mehr Zeit in die Gottsuche investieren, aber wir können unsern Alltag vermehrt aus diesem Jetzt heraus gestalten. Die gleiche Arbeit tun, aber sie eine Spur anders tun. Im Bewusstsein, dass es unsere erste Einladung und Berufung ist, am Fest des Lebens teilzunehmen.
Stell dir vor, Du trittst nicht in den Alltag, sondern in das Fest des Lebens. Lerne deinen Alltag als dieses Fest sehen und leben.

Gleichnis vom grossherzigen Vater und den beiden Söhnen: Lk. 15

„Und er sprach: Ein Mensch hatte zwei Söhne. Und der jüngere sprach zum Vater: Gib mir, Vater, den Teil des Vermögens, der mir zufällt! Und er teilte ihnen das Gut. Und nicht lange darnach packte der jüngere Sohn alles zusammen und reiste in ein fernes Land, und dort verschleuderte er sein Vermögen mit liederlichem Leben. Nachdem er aber alles aufgebraucht hatte, kam eine gewaltige Hungersnot über jenes Land, und auch er fing an, Mangel zu leiden. Da ging er hin und hängte sich an einen Bürger jenes Landes; der schickte ihn auf seinen Acker, die Schweine zu hüten. Und er begehrte, sich zu sättigen mit den Schoten, welche die Schweine fraßen; und niemand gab sie ihm. Er kam aber zu sich selbst und sprach: Wie viele Tagelöhner meines Vaters haben Brot im Überfluss, ich aber verderbe hier vor Hunger! Ich will mich aufmachen und zu meinem Vater gehen und zu ihm sagen: Vater, ich habe gesündigt gegen den Himmel und vor dir, ich bin nicht mehr wert, dein Sohn zu heißen; mache mich zu einem deiner Tagelöhner! Und er machte sich auf und ging zu seinem Vater. Als er aber noch fern war, sah ihn sein Vater und hatte Erbarmen, lief, fiel ihm um den Hals und küsste ihn. Der Sohn aber sprach zu ihm: Vater, ich habe gesündigt gegen den Himmel und vor dir, ich bin nicht mehr wert, dein Sohn zu heißen! Aber der Vater sprach zu seinen Knechten: Bringet eilends das beste Feierkleid her und ziehet es ihm an, und gebet ihm einen Ring an die Hand und Schuhe an die Füsse; und bringet das gemästete Kalb her und schlachtet es; lasset uns essen und fröhlich sein! Denn dieser mein Sohn war tot und ist wieder lebendig geworden; er war verloren und ist wiedergefunden worden. Und sie fingen an, fröhlich zu sein. Aber sein älterer Sohn war auf dem Felde; und als er kam und sich dem Hause näherte, hörte er Musik und Tanz. Und er rief einen der Knechte herbei und erkundigte sich, was das sei. Der sprach zu ihm: Dein Bruder ist gekommen, und dein Vater hat das gemästete Kalb geschlachtet, weil er ihn gesund wiedererhalten hat. Da ward er zornig und wollte nicht hineingehen. Sein Vater aber ging hinaus und redete ihm zu. Er aber antwortete und sprach zum Vater: Siehe, so viele Jahre diene ich dir und habe nie dein Gebot übertreten; und mir hast du nie einen Bock gegeben, damit ich mit meinen Freunden fröhlich wäre. Da aber dieser dein Sohn gekommen ist, der dein Gut mit Dirnen verschlungen hat, hast du ihm das gemästete Kalb geschlachtet! Er aber sprach zu ihm: Mein Sohn, du bist allezeit bei mir, und alles, was mein ist, das ist dein. Man muss aber fröhlich sein und sich freuen; denn dieser dein Bruder war tot und ist wieder lebendig geworden, er war verloren und ist wiedergefunden worden!“

Das ist gewiss das bekannteste Gleichnis, das unter dem etwas unglücklichen Titel „Gleichnis vom verlorenen Sohn“ bekannt geworden ist. Er richtet unsern Blick einseitig auf nur eine Person und damit nur einen Aspekt des Gleichnisse: Den, der Schuldhaftigkeit des Menschen und seiner Notwendigkeit umzukehren.

Im Gleichnis sind aber die beiden andern Figuren mindestens ebenso zentral: Der Vater und Bruder. Da wollen wir ansetzen.
Zunächst beim Vater: Indem er seinen Sohn ziehen lässt, vertraut er ihm und dem Leben: Dass er, wo immer er auch ist, lernen kann, was er zu lernen hat. Dietrich Bonhoeffer sagt es mit seinen bekannten Worten so: „Von guten Mächten wunderbar geborgen...": Wir und unsere Kinder sind geschützter als wir es erahnen könnten, mitten in der Zerbrechlichkeit unseres Lebens drin. Gerade darum dürfen wir sie ziehen lassen. Das ist die eine Seite des Vaters: Die Bereitschaft loszulassen und so den Sohn zu ermächtigen.

Es gibt in der ausserchristlichen Tradition ein ganz ähnliches Gleichnis, das aber dem Prozess der Rückkehr des Sohnes mehr Zeit und Gewicht gibt. Dort heisst es, der Sohn sei, nachdem er alles verloren hatte, schliesslich als Bettler umherziehend, bettelnd zum Hof des Vaters gekommen, sei sich selber aber so entfremdet gewesen, dass er den Heimathof und den eigenen Vater gar nicht mehr erkannt habe. Der Vater allerdings habe seinen Sohn erkannt. Weil er aber auch seine Entfremdung wahrgenommen hat, erkennt er, dass der Sohn zu verschlossen und wohl auch zu beschämt gewesen wäre, wenn der Vater sich ihm direkt offenbart hätte. Was macht er? Er schickt einen seiner Diener hinter ihm her und bietet ihm eine Arbeit als Hilfsarbeiter an. Also kein Hinweis darauf, dass er sein Sohn sei, sondern nur die Gelegenheit zu arbeiten. Zunächst verrichtet er die niedrigsten Arbeiten und als er sich darin bewährt, vertraut ihm der Vater immer verantwortungsvollere Arbeit an, bis er ihn schliesslich mit der Leitung des Hofes betraut und sich ihm zu erkennen gibt. Dann erst wird dem Sohn bewusst, dass er auf langem Weg dort angekommen ist, wo er im Grunde immer schon hingehört hat. Ein sehr anschauliches Bild für unsern spirituellen Lebensweg: Wir ringen um das Erreichen eines Ziels, von dem wir uns getrennt wähnen und entdecken am Ende, dass das Ziel von allem Anfang an mit uns war. Und doch bedurfte es des „Umweges", um zu dieser Erkenntnis zu gelangen.
Unser Gleichnis lässt den Vater anders, aber ebenso eindrücklich reagieren.
Als er noch weit weg war – heisst es im Text - sah in sein Vater, spürte Mitgefühl und lief ihm entgegen. In der bekannten Josefsgeschichte heisst es von den Brüdern: „Als sie ihn von Ferne sahen, schmiedeten sie Böses gegen ihn." In der jüdischen Auslegung heisst es dazu. Sie schmiedeten Böses, weil sie ihn von Ferne sahen, das heisst, nicht wirklich sein Herz sahen, sondern nur ihre Vorurteile gegenüber ihm. Das Mitgefühl des Vaters aber lässt ihn den Sohn schon von Weitem erkennen, und damit auch das, was er braucht. Die Zisterziensermönche um Bernard von Clairvaux wagten zu sagen: Der Vater sei ihm bis zu

den Trebern der Schweine entgegen gelaufen. Wahre Umkehr hiess für sie: Sich von Gott finden zu lassen, resp. zu erfahren, dass er nie von unserer Seite gewichen ist. Dass er uns folgt bis zu den Trebern der Schweine! In einem schönen Gebet heisst es:

„Ich habe die ganze Welt
Auf der Suche nach Gott durchwandert
Und ihn nirgends gefunden.
Als ich wieder nach Hause kam,
sah ich ihn an der Türe meines Herzens stehen,
und er sprach:
„Hier warte ich seit Ewigkeiten.“
Da bin ich mit ihm ins Haus gegangen.“ Rumi

Dieses Gebet gibt auch eine schöne Deutung für den Auszug des Sohnes, dass er nämlich im Tiefsten auszog, um Gott zu suchen. Was uns letztlich antreibt und aufbrechen lässt, ist die Sehnsucht nach Gott. Natürlich getarnt in der Suche nach Sinn und Glück und Reichtum und Liebe. Das Missverständnis liegt in der Annahme, dass Gott (und mit ihm das Glück und die Liebe) irgendwo da draussen sei und wir getrennt von ihr.

Es heisst vom Vater, er sei regelrecht gerannt. Das ist eines alten Mannes der damaligen Gesellschaft höchst unwürdig. Seiner Liebe wegen überschreitet er also gesellschaftliche Konventionen. Die Liebe kümmert sich nicht darum, ob sie sich korrekt verhält.
Und der Sohn?
Er hatte eine Schuldrede vorbereitet: „Vater, ich habe gesündigt gegen den Himmel und vor Dir. Ich bin nicht mehr wert, dein Sohn zu heissen. Mach mich zu einem deiner Tagelöhner!“ Das wollte er ihm sagen. Der Vater aber lässt ihn gar nicht ausreden. Er kommt nicht weiter als bis zum 1.Satz, dann fällt der Vater ihm um den Hals und ins Wort. Ein schöner Hinweis darauf, dass wir uns nicht zu lange von unserer Schuld und dem, was gewesen ist, aufhalten lassen sollen. In der Welt Gottes ist keine Zeit, in der Vergangenheit herumzusumpfen.
Der Kuss auf die Wange gilt dem Gleichstehenden. Durch all seine Gesten hebt er das Gefälle, in dem sein Sohn sich wähnt, auf. Das Festkleid gebührt dem Ehrengast. Der Siegelring bedeutet die Übertragung der Vollmacht und dass er seinem Sohn Schuhe anzieht, deutet auf die Freisetzung hin, denn nur der freie Mann trägt sie, nicht der Sklave.
So wie dieser Vater seinem Sohn begegnet, so sind wir eingeladen, unseren schwierigen Seiten zu begegnen und auch den schwierigen Seiten unserer Mitmenschen.

Dagegen sträubt sich aber oft jene Seite in uns, die im Bruder in Erscheinung tritt. Etwas in uns hat Mühe, sich an der Grosszügigkeit des Vaters und am Glück anderer Menschen mitfreuen zu können. Etwas in uns bringt Glück mit Verdienst in Zusammenhang. Liebe, Anerkennung muss verdient werden. Gratis verabreicht wird sie doch nur ausgenützt, denken wir.
Die Grosszügigkeit des Vaters macht nun aber auch vor diesem Sohn nicht halt und moralisiert nicht. Das Gleichnis endet damit, dass der Vater auch seinen andern Sohn zum Fest einlädt. Offen bleibt, wie der Sohn auf diese Einladung hin reagiert: Bleibt er in der Absonderung oder springt er über seinen Schatten?
Gerade hier sind wir angesprochen und eingeladen, uns bewusst am Glück anderer mitzufreuen und so teilzuhaben am Fest. Das Gleichnis sieht uns also v.a. in der Rolle des 2.Sohnes. Und tatsächlich sehen wir uns doch oft in der Rolle des Rechtschaffenen. Die andern sind die Herausgefallenen. Wenn nur alle so wären wie wir, unsere Partei, unsere Gemeinde, unsere Glaubensrichtung...etc.
Aber natürlich erkennen wir uns auch in der Rolle des Ersten, der sich unwürdig fühlt, ja der sein Sohn/Tochtersein völlig vergessen hat.
Die Tragik des ersten Sohnes besteht nicht darin, dass er falsch gehandelt hätte, sondern dass er vergisst, dass er Sohn ist, resp. dass er sich diese Würde abspricht: Ich bin es nicht wert...
Und dass wir bis heute ähnliche Worte an zentraler Stelle im Gottesdienst sprechen, zeigt, wie tief wir uns in dieser Unwürdigkeit festhalten.
Und am Schluss, ganz ähnlich, läuft auch der andere Gefahr, sich von dem Fest, zu dem er gehört, selber aus zu schliessen.
Aus dieser Haltung will der Vater seine beiden Söhne herausführen.

All die schwierigen und kritischen Anteile in uns, dürfen wir zum Fest des Lebens einladen, so wie der Vater seine beiden Söhne zum Fest einlädt. Denn das ist es, was das Schwierige in uns und um uns braucht: Wohlwollendes Entgegenkommen, damit es sich wagt, am Fest des Lebens teilzunehmen.
Und so bedürfen wir der Erinnerung, dass in uns auch die Grosszügigkeit des Vaters wohnt, die es zu kultivieren gilt. Gerade auch gegenüber uns selbst: Ich bin es wert, dass ich mir Zuwendung gebe!

Gleichnis von den Arbeitern im Weinberg: Mth. 20, 1-16

„Denn das Himmelreich ist einem Hausherrn gleich, welcher am Morgen früh ausging, um Arbeiter in seinen Weinberg zu dingen. Und nachdem er mit den Arbeitern um einen Denar für den Tag übereingekommen war, sandte er sie in seinen Weinberg. Und als er um die dritte Stunde ausging, sah er andere auf dem Markte müssig stehen und sprach zu diesen: Gehet auch ihr in den Weinberg, und was recht ist, will ich euch geben! Und sie gingen hin. Wiederum ging er aus um die sechste und um die neunte Stunde und tat ebenso. Als er aber um die elfte Stunde ausging, fand er andere dastehen und sprach zu ihnen: Warum steht ihr hier den ganzen Tag müssig? Sie sprachen zu ihm: Es hat uns niemand gedungen! Er spricht zu ihnen: Gehet auch ihr in den Weinberg, und was recht ist, das werdet ihr empfangen! Als es aber Abend geworden war, sprach der Herr des Weinbergs zu seinem Schaffner: Rufe die Arbeiter und bezahle ihnen den Lohn, indem du bei den Letzten anfängst, bis zu den Ersten. Und es kamen die, welche um die elfte Stunde gedungen worden, und empfingen jeder einen Denar. Als aber die Ersten kamen, meinten sie, sie würden mehr empfangen; da empfingen auch sie jeder einen Denar. Und als sie ihn empfangen, murrten sie wider den Hausherrn und sprachen: Diese Letzten haben nur eine Stunde gearbeitet, und du hast sie uns gleich gemacht, die wir des Tages Last und Hitze getragen haben. Er aber antwortete und sprach zu einem unter ihnen: Freund, ich tue dir nicht Unrecht. Bist du nicht um einen Denar mit mir übereingekommen? Nimm das Deine und gehe hin! Ich will aber diesem Letzten so viel geben wie dir. Habe ich nicht Macht, mit dem Meinen zu tun, was ich will? Oder siehst du darum scheel, dass ich so gütig bin? Also werden die Letzten die Ersten und die Ersten die Letzten sein. Denn viele sind berufen, aber wenige auserwählt.“

Das Gleichnis berührt uns in einer Kernfrage: Wie verhalten sich Leistung und Gnade in unserem Leben. Inwieweit hängt der Sinn unseres Lebens an unserer Leistungsfähigkeit, sodass wir sagen: Ich leiste, also bin ich? Oder wie Wilhelm Busch diese Seite an uns entlarvt mit dem Gedicht: „Ohne ihn war nichts zu machen, keine Stunde hat er frei. Gestern als sie ihn begruben, war er richtig auch dabei.“

Und wie weit empfinden wir Sinn vor, resp. jenseits all dessen, was wir zu leisten vermögen?
Ich bin in der reformierten Tradition aufgewachsen, die ja aus der Auseinandersetzung mit dieser Frage entstanden ist: Ist Gottes Zuwendung in irgendeiner Weise abhängig von unserem Tun? Muss man sie sich erleisten oder gar erkaufen? Oder kann/muss/darf man gar nichts Eigenes dazutun, weil unser Wesen von Grund auf irgendwie korrumpiert ist?

Fest steht sicher einmal, dass es einem urmenschlichen Bedürfnis entspricht, zu arbeiten, etwas zu vollbringen. Unsern Leib nach unsern

Möglichkeiten einzusetzen. Wer empfindet nicht Zufriedenheit, wenn er/sie sich nach getaner Arbeit müde in einen Stuhl sinken lassen kann? Der erste Teil des Gleichnisses spricht uns auf genau dieser Ebene an und nimmt uns darin ernst: Sowohl der Besitzer des Weinbergs als auch die Arbeiter, die er als erste antrifft, beide wissen um den Wert ihrer Arbeit und einigen sich auf einen Denar Lohn, was einem angemessenen und für damalige Verhältnisse guten Betrag entspricht.

Der Bauer aber belässt es nicht dabei. Er kehrt mehrmals auf den Marktplatz zurück, um weitere Arbeiter anzuheuern. Das geht so weit, dass er sogar kurz vor Arbeitsschluss noch einmal Leute einstellt!
Was mag das für ein Bauer sein? Offenbar einer, bei dem es immer etwas zu tun gibt. Einer, dem es ein Anliegen ist, dass niemand zu kurz kommt. Einer, der ein tiefes Gespür dafür hat, was wir Menschen brauchen. Einer, der ein ganz anderes Lohnverständnis hat als wir es in unserer Welt vorfinden. Denn erstaunlicherweise zahlt er ja denen, die am Schluss kommen genau gleich viel, wie den zuerst gekommenen. Und er zahlt die Letzten als Erste aus, was natürlich den Widerwillen der andern weckt? Was geht hier vor?
Spontan trifft mich das Gleichnis mit der Frage: Wieso fällt es uns manchmal so schwer uns mit andern zu freuen. Wieso fühlen wir uns, wenn wir vom Glück anderer hören, so oft als zu kurz Gekommene? Vielleicht, weil wir von klein auf dazu erzogen werden, dass die andern Menschen unsere Konkurrenten sind, dass es darum geht, mehr zu erreichen und zu haben als die andern? Vielleicht, weil wir uns eher mit denen vergleichen, die mehr bekommen haben und besser sind. Aber auch wenn wir uns mit denen vergleichen, denen es schlechter geht: Das Vergleichen geht immer von einer Sicht des Getrenntseins aus.
Hier weist uns das Verhalten des Weinbauern auf eine zweite Dimension unseres Lebens hin: Mit seinem Tun macht er darauf aufmerksam, dass jeder Mensch, ganz gleich wie viel er arbeiten kann oder nicht, es wert ist, dass er genug zum Essen bekommt. Die Anerkennung, die er den spät Gekommenen gibt, liegt also nicht einfach in einem inneren Wert. Sie bezieht sich auch auf die materielle Ebene. Wie aktuell doch diese Passage ist, wenn es heute immer mehr Menschen gibt, die trotz Vollzeitanstellung kaum genug zum Leben verdienen.
Über unser Tun hinaus spricht Jesus allen Menschen eine unbedingte Würde zu, auch auf materieller Ebene. Gleichzeitig nimmt er sie auch ernst in ihren, wenn auch begrenzten Möglichkeiten, noch etwas zu tun. Auch hier wird deutlich, wie sehr unsere Würde auch in unserer Möglichkeit liegt, etwas tun zu können.
Jene, die viel leisten, bekommen einen vernünftigen Lohn. Jene, die wenig leisten, bekommen ebenfalls einen vernünftigen Lohn. Ihr Wert hängt nicht einfach nur an ihrer Leistung.

Bei uns bekommen Viele, die viel leisten, einen völlig unvernünftig hohen Lohn, der nichts mehr mit einer Leistung zu tun hat. Und sie bekommen ihn oft auf Kosten jener, die ganz wenig verdienen oder gar dafür ihre Stelle hergeben müssen und die Arbeit verlieren.

Dieser Sicht kann man entgegen halten, dass es ja um das Verhalten Gottes zu den Menschen geht und nicht um die Neuordnung der Wirtschaft. Dass wir also in Gottes Augen Wert haben, auch wenn wir eben nur wenig zu leisten vermögen.

Aber gerade die Erfahrung, dass es eine Wertschätzung gibt, die nicht einfach von unserer Leistung abhängt, müsste uns freier machen, hier dafür zu sorgen, dass dieser Wert auch im wirtschaftlichen Alltag zum Ausdruck kommt, resp. nicht verloren geht.

Das Gleichnis löst also die ungute Alternative „Gottes Gnade oder menschliche Leistung“, von der ich am Anfang gesprochen habe, auf. Wir sind ernst genommen in unseren Möglichkeiten, etwas zu leisten und gleichzeitig erschöpft sich unser Wert nicht einfach darin.
Alle guten spirituellen Wege führen uns darum immer wieder über das Tun hinaus nach innen: Hier bei uns selbst, in unserm eigenen Herzen sollen wir diesen Wert erfahren vor allem Tun. Hier bei uns sollen wir zuerst mitfühlend sein gegenüber all den abgespaltenen Teilen, die wir lieber nicht anschauen, weil sie uns anscheinend nur im Weg sind und uns in unserer Produktivität behindern. Eine Anweisung aus der tibetischen Tradition lädt uns ein, die schwierigen Teile in uns in den Arm zu nehmen, so wie eine Mutter ihr kleines Kind liebevoll im Arm trägt.
So lädt uns das Gleichnis unter anderem ein, Mitgefühl zu kultivieren: Mitfreude mit allen Wesen, die Freude erfahren, Mitgefühl mit allen Wesen, die Leid erfahren. Wir kennen zwar in der christlichen Tradition auch beide Formen, z.B. im Dankgebet und in der Fürbitte. Oder wie Martin Buber das Liebesgebot umformuliert: Liebe deinen Nächsten, denn er ist wie du. Noch radikaler formuliert: Liebe deinen Nächsten, denn er ist du. Manchmal aber hilft es, das Eigene an einer andern Tradition neu zu beleben.
Solche Haltungen können und dürfen wir einüben. Ein moralischer Appell allein führt oft nur zu einem schlechten Gewissen, das wenig Frucht bringt. Stetiges Üben, auch mit Übungen aus andern Traditionen, wandelt unsere alten Muster Schritt für Schritt um. Hier das Beispiel einer solchen Übung:

Übung zur Mitfreude und zum Mitgefühl

Setzen sie sich aufrecht und bequem hin, atmen sie ein paar Mal gut durch und konzentrieren sie sich einen Augenblick auf ihren Körper: Was nehmen sie wahr? Müdigkeit oder Frische? Verspannung oder Ruhe? Wo im Körper zieht es sie hin?.... lassen sie sich dafür ein paar Augenblicke Zeit....
Dann stellen sie sich einen lieben Menschen, von dem sie wissen, dass er Leid mit sich trägt – vergegenwärtigen sie sich den Menschen und seine Situation – im Ausatmen schicken sie diesem Menschen, was er braucht: Licht, Frieden, Heilung, Vertrauen... - tun sie das während den nächsten Minuten...
Nur wenn es ihnen möglich ist, noch einen Schritt weiterzugehen, erlauben sie sich, sein Leid in ihr Herz einzuatmen – manchmal hilft die Vorstellung von dunklem, schwerem Rauch (vielleicht ist das aber auch zuviel, dann bleiben sie einfach beim Schicken der positiven Energie) – und im Ausatmen schicken sie ihm weiterhin leichte, helle Energie ... - achten sie darauf, dass Ein- und Ausatmen einander in der Länge entsprechen... - setzen sie diese Übung während der nächsten Atemzüge fort... - sollten sie in sich Widerstände fühlen, v.a. in Bezug auf das Einatmen des Leidens, öffnen sie sich für diese Widerstände und für das eigene Leiden, schieben sie es nicht weg, sondern atmen sie es ein, und senden sie auch sich selbst Frieden und Entspannung...
- weiten sie nun den Horizont und schicken sie Licht und Frieden zu allen Menschen, denen es ähnlich geht, wie jenem Menschen, den sie sich nahe genommen haben oder auch sich selbst ... - atmen sie ein paar Mal bewusst etwas tiefer ein und aus und verabschieden sie sich innerlich von dem Bild und den Menschen, die sie mit sich tragen... - kommen sie in die Bewegung und beenden sie die Übung.

Vom Schatz und von der Perle Mth. 13, 44-46

„Das Reich der Himmel ist gleich einem in einem Acker verborgenen Schatz, den ein Mensch fand und wieder verbarg. Und in seiner Freude geht er hin und verkauft alles, was er hat, und kauft jenen Acker.
Wiederum ist das Reich der Himmel gleich einem Kaufmann, der schöne Perlen suchte. Als er eine kostbare Perle gefunden hatte, ging er hin, verkaufte alles, was er hatte, und kaufte sie.“

Zum Abschluss ein sogenanntes Doppelgleichnis, dessen Botschaft, vieles von dem, was in den Evangelien zentral ist, noch einmal wunderbar zusammenfasst: Gott hockt nicht irgendwo weit weg in einem fernen Himmel, sondern er wirkt in unserem Alltag. Hier zunächst verborgen wie ein Schatz im Feld. Das ist nicht selbstverständlich, denn viele Menschen empfinden Gott als eine „Macht da oben“, die irgendwo über unsern Köpfen thront. Mit diesem Gleichnis sagt uns Jesus: “Willst du etwas von der Welt Gottes erfahren, dann starre nicht zum Himmel, sondern halte die Augen offen für das, was hier auf der Erde geschieht, mitten in deinem Alltag.

Ganz wunderbar finde ich das ausgedrückt in einem Gedicht der Literaturnobelpreisträgerin Wislawa Szymborska:

„Damit will ich beginnen: Mit dem Himmel...
Ich muss nicht auf eine sternenklare Nacht warten.
Ich muss nicht den Hals recken, um einen Anblick von ihm zu erheischen.
Ich habe den Himmel hinter meinem Rücken, habe ihn auf meiner Hand und auf meinen Augenliedern. Der Himmel hält mich fest und fegt mich von den Füssen.
Sogar die höchsten Berge sind ihm nicht näher als die tiefsten Täler.
Es gibt keinen Platz, an dem mehr von ihm wäre als an einem andern...
Die Trennung in Himmel und Erde – das ist keine geeignete Art diese Ganzheit zu betrachten.“ (Übersetzung des Autors)

Hier, in deinem Alltag will der Himmel, der Schatz Gottes gefunden werden. Nun wissen sie ja vielleicht selbst wie das ist, wenn man einen Schatz gefunden hat. Da kann es sein, dass man am Liebsten alle und alles hinter sich lassen möchte, weil man das Gefühl hat, dieser Schatz genüge. So verstanden, hätte Jesus das Gleichnis wahrscheinlich anders erzählt. Vielleicht etwa so: „Die Welt Gottes ist gleich einem im Acker verborgenen Schatz, den ein Mensch fand, ihn ausgrub und sich damit aus dem Staub machte.“ Und wir blieben zurück mit dem unguten Gefühl, dass dieser Mensch halt Glück gehabt hat, die allermeisten Menschen aber niemals so einen Schatz finden werden.

Nun aber heisst es: „Die Welt Gottes ist gleich einem im Acker verborgenen Schatz, den ein Mensch fand und wieder verbarg. Und in seiner Freude geht er hin, verkauft alles, was er hat, und kauft jenen Acker."

Offensichtlich gehören der Schatz und der Acker ganz eng zusammen. Und zwar so sehr, dass das Eine nicht ohne das Andere zu haben ist. Schatz und Acker gehören untrennbar zusammen. Der Mensch im Gleichnis kauft ja nicht den Schatz, sondern den Acker. Also den Ort, wo er seinen Alltag erlebt und wohl manchmal auch erleidet, den Ort, der von ihm Mühe und Arbeit abverlangt. Aber genau an diesem Ort stösst er auf den Schatz. Und wohlgemerkt: Es heisst nicht einmal, dass er nach etwas Besonderem gesucht hätte. Vielmehr hat er einfach versucht, die Aufgabe zu erfüllen, die ihm anvertraut war. Und gerade so fällt ihm der Schatz zu.
Der Schatz, der im Leben jedes Menschen verborgen ist, findet sich dort, wo jeder Mensch sein Leben zu bestehen hat: Im Alltag mit all seinen Sorgen und Gewöhnlichkeiten. Nicht irgendwo in einer andern Welt, sondern hier und jetzt, in aller Alltäglichkeit drin.
Übertragen auf eine Beziehung könnte man sagen: Zu einer Beziehung gehören nicht nur die „schatzigen" Stunden und Seiten eines Menschen. Wir entscheiden uns ja nicht einfach für den Schatz im andern, sondern für den ganzen Menschen, und d.h. dafür, dass wir versuchen, einander und uns selbst auch dort anzunehmen, wo der Alltag Einzug hält, und dort, wo wir Mühe haben, weil uns Dunkles begegnet, das angst macht, weil Verletzungen sichtbar werden, die weh tun.
Ja manchmal kann es sogar sein, dass wir aneinander und an uns selbst nur noch das Dunkle sehen. Dann sind wir einander nicht mehr wie ein Schatz im Acker, sondern wie ein Stein, der einem den Weg versperrt.
Jesus aber, der unser Menschsein bis in seine Tiefen hinein kennt und liebt, macht uns mit diesem Gleichnis Mut:
Es gibt diesen Schatz. Zwar ist er verborgen im Alltagsacker dieser Welt, versteckt in der Tiefe unserer Alltagsseele, aber er ist da, und er kann gefunden werden.
Wir haben viele Schätze mit auf den Weg bekommen, die uns unterstützen, in Zeiten, wo mehr Acker als Schatz sichtbar ist. Und der grosse Schatz, der unser Leben letztlich ist, ist die Gegenwart Gotte selbst. Weil Gott gegenwärtig ist (wie es in dem schönen Kirchenlied heisst), kann er auch gefunden werden.
Nun fügt Jesus diesem Gleichnis ein weiteres an, das ganz ähnlich tönt und doch einen wichtigen, neuen Aspekt anklingen lässt. Es heisst: „Wiederum ist das Reich der Himmel gleich einem Kaufmann, der schöne Perlen suchte. Als er aber eine kostbare Perle gefunden hatte, ging er hin, verkaufte alles, was er hatte, und kaufte sie."

Zuerst also hat Jesus das Reich Gottes mit einem Schatz verglichen, der im Acker liegt. Also mit etwas, das sozusagen einfach passiv da liegt, und darauf wartet, gefunden zu werden.
Jetzt aber sagt er: “ Das Reich Gottes ist gleich einem Kaufmann, der sich aufmacht, schöne Perlen zu suchen. Und als er eine besonders schöne findet, gibt er alles dafür hin.“
Das Reich Gottes hängt hier also nicht einfach nur daran, dass wir es finden, sondern kommt auf uns zu wie ein leidenschaftlicher Kaufmann! Kommt auf uns zu wie ein begieriger Kaufmann! Wir sind vielleicht nicht Geschäftsleute, aber so beschreibt uns Jesus Gott als einen, der voller Leidenschaft auf der Suche nach einer wertvollen Perle ist. Und wissen wir wirklich, wer in den Augen Gottes diese schöne Perle ist? Das ist diese Welt, die ja auch die Form einer Perle hat, das sind die andern Menschen und das sind wir: ich, Du eine Perle in den Augen Gottes! Das Gelingen unseres Lebens hängt wesentlich davon ab, dass wir einander immer wieder zu entdecken helfen, was wir in den Augen Gottes schon seid: Nämlich Perlen, ein unendlich kostbarer Schatz.
Ich wünsche uns, dass die Erinnerung an diese beiden Gleichnisse, uns den Weg weisen wird in Zeiten, in denen uns dieses „Perlenbewusstsein“ nicht immer so deutlich vor Augen steht. Und ich wünsche uns Menschen, die uns verstehen, wenn wir Mühe haben, uns selbst zu verstehen. Menschen, die uns hören, wenn wir taub sind. Menschen, die uns sehen, wenn blind sind. Menschen, die mit uns reden, wenn wir stumm sind. Menschen, die uns darauf hinweisen, dass Gott unser Wegbegleiter ist, gerade auch dann, wenn wir vom Weg abkommen.
Und die uns an das erinnern, was wir sind: Perlen Gottes!

Printed by Books on Demand GmbH, Norderstedt / Germany